Für meine Kinder
Anna, Michael und Karen

Metanoeite. (Denket um.)

Jesus Christus

Wenn Sie so denken, wie Sie immer gedacht haben, werden Sie so handeln, wie Sie immer gehandelt haben. Wenn Sie so handeln, wie Sie immer gehandelt haben, werden Sie das bewirken, was Sie immer bewirkt haben.

Albert Einstein

Auflage: 2. Auflage, Juni 2013

ISBN: 9783848204960

Herstellung und Verlag: BoD – Books on Demand

Inhaltsverzeichnis

Vorwort

Mit dem Thema „Frühkindliche Reflexe und deren Auswirkungen auf das spätere Leben bei nicht zeitgerechter Integration" beschäftige ich mich schon seit einigen Jahren. In meiner Arbeit stelle ich immer wieder fest, dass häufig unzureichend integrierte frühkindliche Reflexe auch noch bei Schulkindern und Erwachsenen vorhanden sind und deren Lernverhalten und Wohlbefinden und damit ihre Lebensqualität erheblich einschränken können.

Mein Anliegen besteht darin, die Sensibilität dafür zu schärfen, welche Reaktion welchem Reflex zugeordnet werden kann. Bei eventuellem Handlungsbedarf können Symptome, die auf Grund von motorischen Restreaktionen im späteren Leben bestehen, besser verstanden werden.

Auch wenn durch dieses Buch eine detailliertere Betrachtungsweise möglich ist, weise ich darauf hin, dass der Blick auf das Gesamtbild dabei nie aufgegeben werden sollte. Verhaltensweisen werden mit von der Erziehung und der Umgebung beeinflusst, jedoch sind die nicht integrierten frühkindlichen Reflexe und die daraus resultierenden Verhaltensmuster häufig der Grund für die vielfältigen Reaktionen der Erziehungsberechtigten.

Das ursprüngliche Bewegungsmuster, also Reflexbewegungsmuster, ist die Basis für die Entwicklung des Säuglings, Kindes und Erwachsenen, damit der Mensch aufbauend darauf in seinen Bewegungen, Emotionen, Gedanken und Handlungen möglichst selbstbestimmt sein Leben gestalten kann. Die Reflexe und deren zeitgerechte Integration sind das Fundament des Lebens.

Ich habe bei der chronologischen Auflistung der Reflexe diese in ihrer Bewegung genau beschrieben und eine Zeichnung hinzugefügt, um das Erkennen zu erleichtern. Ich weise ausdrücklich darauf hin, dass die Bewegungen, die den Reflex auslösen, auf keinen Fall von nicht geschultem Personal beim Kind angeregt werden dürfen. Dies kann der Entwicklung und gesunden Reifung des Kindes schaden.

Die in diesem Buch vorgestellte Übung hilft, die noch bestehende frühkindliche Reflexaktivität nicht mehr wirksam werden zu lassen. Die genaue Ausführung der Übung kann man sich bei YouTube unter http://youtu.be/sNSbKnFBVpg anschauen. Ich biete auf Anfrage Kurse an, in denen ich noch andere Übungen vermittle, die eine hohe Effizienz haben. Weiter gehe ich detaillierter auf die einzelnen Reflexe ein. Ich empfehle dieses Buch allen Eltern, Kinderärzten, Therapeuten und allen interessierten Menschen, die die Entwicklung unserer Kinder fördern und begleiten.

Am Anfang dieses Buches stand nur ein Kurs zu den Bewegungsübungen zur Integration von frühkindlichen Reflexen. Bei meinem „Probelauf", zu dem ich PsychologInnen, ÄrztInnen, ErzieherInnen, PhysiotherapeutInnen, LehrerInnen und interessierte FreundInnen eingeladen hatte, bekam ich sofort das Feedback, dass ich den Kurs zu einem Buch erweitern solle. Nach zwei Jahren ist es soweit. Ich danke allen, die mich ermuntert und immer wieder nachgefragt haben, wann ich endlich fertig sei. Es war immer ein Ansporn.

Ich bedanke mich bei meiner Freundin Edith Bulle, die die Literatur von Svetlana Masgutova übersetzt hat. Darüber kamen wir natürlich immer wieder zu einem intensiven fachlichen Austausch. Edith hat nach Fertigstellung des Buches dieses dann wieder ins Englische übersetzt. Auch in dieser Sprache ist es erhältlich.

Weiter bedanke ich mich bei den kritischen ProbeleserInnen Frau Dr. med. Brigitte Müller-Krampe, Herrn Dr. theol. Hans-Josef Neufeld, Frau Dr. med. Dr. phil. Christine Ritter und Frau Dr. med. Sabine Woltering, durch deren konstruktive Kritik der Inhalt noch differenzierter geworden ist. Ein ganz besonderer Dank geht an Marita Böggemann, die das Lektorat übernommen und die Erstfassung in eine ansprechende Form gebracht hat.

Bärbel Hölscher, im April 2013

Dr. Dr. Raja Selvam

Ich habe Bärbel Hölscher in meinen Seminaren in Münster kennen gelernt, wo sie sich nach drei Jahren entschloss, auch noch eine Ausbildung in SE (Somatic Experiencing®) zu absolvieren.

Seit Jahren beschäftigt Bärbel sich mit der Problematik von noch persistierenden frühkindlichen Reflexen. Aus den Beobachtungen und Erfahrungen in ihrer Praxis hat sie dieses Buch geschrieben.

Die sorgfältige Recherche und dann exakte Ausführung ihrer Arbeit erleichtern es dem Leser, die Komplexität des Themas zu verstehen. Er bekommt einen Einblick, welche Bedeutung frühkindliche Reflexe für das spätere Leben haben. Nicht nur die persönlichen Auswirkungen werden bei nicht vollständiger Integration angesprochen, sondern auch die gesellschaftlichen Folgen werden diskutiert.

Es ist ihr sehr wichtig, ihren Klienten Material mit an die Hand zu geben, welches diese zu Hause zur Reflexintegration einsetzen können. Dadurch erhöht sich die Lebensqualität der Ausführenden. Die von ihr vorgestellten Übungen werden in ihrem Buch zum ersten Mal beschrieben. Die Übungen sind geeignet, störende Reflexe, die das motorische, emotionale und mentale Erleben beeinträchtigen, in ihrer Wirksamkeit zu reduzieren oder sogar auszuschalten. Ihre sorgfältige Anleitung, sowohl in der Praxis als auch in ihren Kursen, befähigen den Klienten die Übungen auch zu Hause zu machen.

Ich freue mich, Bärbel dieses Vorwort zu schreiben, denn ihr Buch bringt wieder ein Stück mehr Verständnis für einige Probleme, mit denen viele Menschen zu kämpfen haben.

Ich wünsche ihr bei ihrer wertvollen Arbeit weiterhin viel Erfolg.

Dr. Dr. Raja Selvam

Einleitung

Reflexe sind unwillkürliche Muskelreaktionen auf einen sensorischen Stimulus, der über die Sinne empfangen wird und im Gehirn zu entsprechenden Verarbeitungsprozessen führt.

Es gibt frühkindliche Reflexe, die dem Säugling nach der Geburt das Überleben sichern, wie z. B. den Such-, Saug- und Schluckreflex, ohne den er verhungern würde. Haben die frühkindlichen Reflexe nach dem ersten Lebensjahr ihre Aufgabe erfüllt, können die Haltungsreflexe voll zur Entfaltung kommen. Sie ermöglichen uns einen aufrechten Gang und lebenslang eine angemessene Anpassung an die jeweilige Situation.

Es kann passieren, dass ein frühkindlicher Reflex über den ihm von Natur aus zustehenden Zeitrahmen hinaus aktiv bleibt. Dies äußert sich dann in unbewussten motorischen Bewegungen. Zum Beispiel wird bei einer Kopfdrehung nach rechts oder links automatisch der gleichseitige Arm mit nach außen geführt. Dies ist ein Anzeichen dafür, dass der entsprechende Reflex nicht integriert ist und motorische Restreaktionen auftreten.

Muss ein frühkindlicher nicht integrierter Reflex willentlich in seinem Bewegungsmuster kontrolliert werden, so bindet dies viel Energie in bewussten Gehirnarealen, die ansonsten für kognitive Leistungen zur Verfügung stünden. Kinder sind in zunehmendem Maße Stress ausgesetzt und oft ist man als Erziehender ratlos, wie man ihnen gerecht werden soll. Die Kenntnis der frühkindlichen Entwicklung und der einzelnen Reflexe soll hier als Grundlage für eine differenzierte Arbeit sowohl mit Kindern als auch mit Erwachsenen angeboten werden.

Um noch motorische Restreaktionen frühkindlicher Reflexe abbauen zu helfen, stelle ich in diesem Buch eine Übung vor, die ich vor einiger Zeit kennen gelernt habe. Sie stammt aus einer ganzen Reihe von Übungen, die bereits vor über 20 Jahren von einer mittlerweile verstorbenen Physiotherapeutin aus den verschiedensten Ansätzen heraus entwickelt wurden. Um diesen Übungen einen Rahmen zu geben, habe ich sie Hirnstamm-Koordinations-Übungen® genannt. Denn genau dort wirken sie, im Hirnstamm, wo sie eine Neuorientierung einleiten. Eine dieser Übungen wird hiermit zum ersten Mal veröffentlicht und somit einem breiteren Publikum zugänglich gemacht. Aus meiner Erfahrung haben diese Übungen, im Vergleich zu allem, das mir bekannt ist, die größte Effizienz und Effektivität.

Die Forschungsergebnisse der russischen Neuropsychologin und Kinesiologin Dr. Svetlana Masgutova machen deutlich, welchen Einfluss nicht integrierte frühkindliche Reflexe haben können. Nach über 20 Jahren Forschung und Erfahrung zeigt die Wissenschaftlerin, dass ein Zusammenhang von Entwicklungs- und Verhaltensauffälligkeiten mit nicht ausreichend integrierten frühkindlichen Reflexen besteht.

In einem sehr beeindruckenden Seminar zu diesem Thema, an dem ich im Jahr 2008 in Vörden teilnahm, bekamen wir nicht nur umfangreiche theoretische Informationen von Svetlana Masgutova, sondern auch praktische Hinweise. Sie zeigte uns einen Film, in dem ein 3 Monate alter Fötus im Uterus zu sehen war, der im Fruchtwasser schwimmend die Reflexbewegungen bereits einübte. Dabei konnte man genau unterscheiden, welches „Bewegungsmuster" welchem Reflex entspricht. Die Bewegungen des Fötus im Mutterleib sind vorwiegend reflektorisch und werden nicht willentlich von ihm ausgelöst. Neuere Forschungen[1] deuten jedoch darauf hin, dass einige Bewegungen des Fötus anscheinend auch willentlich ausgelöst werden.

Im Laufe der Evolution bildeten sich archetypische Bewegungsmuster aus. Mit der Fähigkeit zu diesen Bewegungen ist normalerweise jeder Mensch ausgestattet. Sie helfen ihm, den komplexen Anforderungen des Lebens gerecht zu werden. Diese archetypischen Reflexbewegungsmuster regen die Ausreifung höher entwickelter Fähigkeiten im Menschen an, sind innerhalb eines bestimmten Zeitfensters aktiv und werden dann in das Ganzkörpersystem integriert. Innerhalb dieser Zeitfenster müssen die Reflexe vom Kinderarzt auslösbar sein. Wenn nicht, ist dies ebenso ein Hinweis auf eine Koordinationsstörung im Zentralen Nervensystem wie eine über dieses Zeitfenster hinausgehende Reflextätigkeit.

Restreaktionen frühkindlicher Reflexe verschwinden nicht von alleine. Sie bleiben bestehen und können sich hinderlich auswirken. Sie können geforderte Bewegungsabläufe in ihrer gesamten Ausführung sogar verhindern.

Stellen Eltern, Erzieher, Kinderärzte oder Therapeuten eine verzögerte Integration der Reflexe fest und merken, dass die Etappen der Bewegungsentwicklung vom Kind nicht zeitgerecht durchlaufen werden, sollte durch geschultes Fachpersonal so früh

---

[1] Vgl. Hüther, Gerald und Inge Krens,
Das Geheimnis der ersten neun Monate.
Unsere frühesten Prägungen.
5. Auflage, Düsseldorf 2007

wie möglich eine geeignete Therapie zur Integration durchgeführt werden. Genauso wie bei Kindern sollten die Reflexbewegungen auch bei Erwachsenen nicht ausgelöst werden, da bei bestehenden Restreaktionen der jeweilige Reflex wieder aktiviert wird und zu nicht gewünschten Reaktionen führen kann. Die Kompensationsstrategien des Körpers werden dann durchbrochen. Damit kommt dieser nur schwer zurecht, da ihm noch keine Alternativstrategien zur Verfügung stehen.

Um eine nachträgliche Integration zu erreichen, ist die hier vorgestellte Übung mit aufmerksamer Sorgfalt anzuwenden, da es bei Restreaktionen auch zu unerwünschten körperlichen Reaktionen kommen kann. Bei weiterem Bedarf muss unbedingt fachkundige kompetente Begleitung sowohl für Kinder als auch für Erwachsene gefunden werden.

Da die Übungen meiner Erfahrung nach eine sehr starke Wirkung haben - je deutlicher motorische Restreflexbewegungen zu beobachten sind, desto stärker ist die Reaktion - habe ich mich dazu entschlossen, ab der zweiten Ausgabe dieses Buches, nur noch eine Übung zu veröffentlichen.

Es ist wichtig, dass das begleitende Personal weiß, was zu tun ist, wenn ein Anwender aus seinen Kompensationsstrategien herausfällt.

In meinen Kursen vermittele ich dieses Wissen, und auch die Trainerinnen, die ich ausbilde, können mit solchen Situationen umgehen.

Als Kinesiologin hat Svetlana Masgutova eine Zuordnung der einzelnen Reflexe zu den Brain-Gym®-Übungen vorgenommen. Diese Übungen können in entsprechenden Kursen bei autorisierten TrainerInnen erlernt werden. Das System, nach dem die Übungen den Reflexen zugeordnet werden, stelle ich in meinem Kurs vor.

Innerhalb der Reflexbeschreibungen in diesem Buch wird immer wieder der „Sehnenschutzreflex" erwähnt, ohne dass er in besonderer Weise aufgelistet ist. Dieser Terminus wurde aus der Kinesiologie übernommen. Der Begriff des Sehnenschutzreflexes ist auf Beobachtungen von KinesiologInnen zurückzuführen, die gesehen haben, dass, wenn die Sehnen der Wade verkürzt sind, die Angst ansteigt. Werden die Sehnen durch isometrische Übungen gelängt, steigt wieder die Aufmerksamkeit.
Die Sammlung von Auffälligkeiten, die jeweils nach den Reflexbeschreibungen aufgelistet sind, geht auf Dr. Svetlana Masgutova, das Institut für Neurophysiologische Psychologie (INPP) von Sally Goddard und die Beobachtungen zahlreicher KinesiologInnen zurück, wobei ich keinesfalls Anspruch auf Vollständigkeit erhebe.

Die motorische Entwicklung des Säuglings im ersten Lebensjahr[1] 2

Die Tonusentwicklung (Muskelspannung) des Säuglings folgt einem physiologischen Ablauf. Dabei läuft die posturale Reifung (Körperaufrichtung) nach einem festgelegten inneliegenden Programm ab, so wie dies bei der Zellteilung nach der Befruchtung der Eizelle auch der Fall ist. Die Körperaufrichtung geht von oben nach unten, also vom Kopf zu den Füßen hin. Damit dieser Prozess funktioniert, sind die Umweltfaktoren mitentscheidend. Eine ausgewogene Ernährung ist wesentlich. Wenn das Baby gestillt wird, muss die Mutter sich entsprechend ernähren, denn 50% der Nährstoffe werden für den Aufbau des Gehirns benötigt. Nach der Abstillphase ist natürlich auch auf eine optimale Ernährung zu achten. Die seelische Komponente, also die Liebe und Zuwendung, die das Kind erfährt, sind ebenfalls wichtig. Schmusen und Streicheln fördern das Wohlgefühl und unterstützen die Gesamtentwicklung.

In den ersten Wochen nach der Geburt werden bei einem Säugling nur Massenbewegungen beobachtet, da für willkürliche Bewegungen die Markscheidenbildung (Myelinisierung) der Nervenstränge noch nicht vorhanden ist. Durch die Myelinisierung bekommen die Nervenstränge eine Isolierschicht, die mit für die Weiterleitung eines Nervenimpulses verantwortlich ist. Solange diese Isolierschicht sich über die Bewegungen noch nicht ausreichend gebildet hat, kommt es zu den Massenbewegungen. Das Baby bewegt seinen ganzen Körper in unwillkürlicher Art und Weise. Wenn es sich freut, strampelt es mit Armen und Beinen, ohne eine bestimmte Bewegungsrichtung initiieren zu können.

Es ist zu beobachten, dass der Säugling schon direkt nach der Geburt seinen Kopf in der Bauchlage heben kann. Dies ist bereits der Beginn einer freien Kopfkontrolle, die dem Kind ermöglicht, den Kopf unabhängig vom übrigen Körper zu bewegen. Sie muss trainiert werden, damit sie sich allmählich entwickeln kann und bis zum Ende des ersten Lebensjahres gut etabliert ist. Dafür ist es wichtig, dass das Kind viel auf dem Bauch gelegen hat, damit die Muskeln in Rücken und Bauch trainiert werden können. Schon bei der 3. Vorsorgeuntersuchung U3, das heißt, mit sechs Wochen,

1 Vgl. dazu:
Peters, Annegret;
Bewegungsanalysen und
Bewegungstherapie im Säuglings-
und Kleinkindalter;
3. Auflage, Stuttgart 1982

kann der Kinderarzt erkennen, ob die Kopfkontrolle sich entsprechend entwickelt. Kinder, die nur auf den Rücken gelegt werden, bekommen nicht die Möglichkeit, diese Bewegung ausreichend zu trainieren.

Damit ist dann schon ein Hindernis für die vollständige Integration der Reflexe geschaffen. Die ständige Rückenlage behindert die Integration des Spinalen Galants, was u. a. dazu führen kann, dass manche Kinder noch bis zum Alter von 8 Jahren und darüber hinaus einnässen. Es ist wichtig, das Baby in verschiedenen Positionen zu lagern, auf der Seite, auf dem Rücken und auf dem Bauch, damit alle Richtungen ausreichend gestärkt werden.

Ab dem dritten Lebensmonat kommt das Kind in den Unterarmstütz. Die Kopfkontrolle ist so weit ausgereift, dass es sich mit geöffneten Händen aus der Bauchlage abstützen kann. Sind die Hände dabei gefaustet, ist dies ein Hinweis darauf, dass der Greifreflex, der Klimmzugreflex oder der Babkinreflex nicht ausreichend integrieren.

Im vierten Monat dreht sich der Säugling vom Bauch auf den Rücken. Dann beginnt das Kind, mit seinen Händen und Füßen zu spielen. Es ist wichtig, zu beobachten, ob es den diagonalen Augen-Hand-Fuß-Mund-Kontakt übt. Dieser Schritt in der Entwicklung ist sehr wesentlich für die körperliche Erfahrung von Grenzen und Mengen. Das Kind entdeckt körperlich, dass es zehn Finger und zehn Zehen hat und erfährt, wo sein Arm und sein Fuß enden. Diese kinesthetische Erfahrung ist die Voraussetzung für gutes Rechnen, um nicht immer wieder die Finger über eine angemessene Übungsphase hinaus noch benutzen zu müssen.

Im fünften Lebensmonat beginnt das Kind, sich vom Rücken auf den Bauch zu drehen. Es kann sich nun rollen und sich gezielt fortbewegen. Wird das Rollen nicht gemacht oder zu wenig geübt, ist dies ein Anzeichen dafür, dass der ATNR nicht entsprechend integriert.

Im sechsten Lebensmonat kommt das Kind in den Vierfüßlerstand. Es steht dabei auf Knien und Händen und wippt immer hin und her, um in die Krabbelphase zu kommen. Die Gewichtsverlagerung von hinten nach vorne wird geübt, um mit Schwung irgendwann loszukrabbeln. Wird das Krabbeln übersprungen, spricht das für einen zu starken STNR. Später kann beobachtet werden, dass es diesen Menschen schwerfällt, genügend Motivation für notwendige Aktivitäten aufzubringen; auch die Übergänge von einer Phase zur anderen sind oft mühsam.

Im siebten Monat kommt das Kind vom Vierfüßlerstand in den Seitsitz, wobei es sich mit beiden Händen abstützt. Der Seitsitz kommt aus der Bauchlage heraus.

Im achten Monat kommt das Kind nun zum Krabbeln. Diese hoch koordinierte Bewegung ist insbesondere für eine gute Myelinisierung des Corpus Callosum, der Verbindung zwischen rechter und linker Hemisphäre wichtig. Je besser dieses Bewegungsmuster trainiert wurde, desto geschmeidiger sind später die Bewegungen. Bei homolateralem Gangmuster, d. h. einem Passgang, wird immer nur eine Hirnhälfte benutzt.

Im neunten Monat lernt das Kind, alleine zu sitzen. Die Beine werden aus dem Seitsitz entweder einzeln oder beide nacheinander nach vorne gestreckt. Danach geht es durch Hochziehen an Möbeln weiter in die Vertikale.

Im zwölften Monat kann das Kind stehen und fängt an zu laufen. Zunächst hält es sich an Tisch und Stuhlkante fest, bis es frei laufen kann. Wird auch nur ein Schritt in der Bewegungsentwicklung ausgelassen oder auch nicht ausreichend trainiert, so kann man davon ausgehen, dass es nicht integrierte Reflexe gibt. Diese haben dann oft nicht abzuschätzende Folgen im späteren Leben. Nicht natürlich ist das Robben. Bei dieser Fortbewegungsart behindern ebenfalls nicht ausreichend integrierte Reflexe die Meilensteine der Entwicklung.

Am Ende des zweiten Lebensjahres sollte die Kopfkontrolle vollständig ausgereift sein. Ist sie das nicht, weil in der Entwicklung im ersten Jahr Unregelmäßigkeiten aufgetreten sind, so ist diese nicht vollendete Kopfkontrolle das Grundproblem für die Schwierigkeiten, die das Kind dann im sozialen und schulischen Umfeld hat. Wird der Kopf nur über Kompensationsstrategien immer wieder justiert, erfordert dies einen immensen Kraftaufwand, der das Lernen äußerst mühsam macht.

Die Kopfkontrolle wird bei jeder Vorsorgeuntersuchung ab der U3 (6. Lebenswoche) überprüft. Fällt bei diesem Test der Kopf immer wieder nach hinten, so kann in Verbindung mit anderen pathologischen Testungen, u. a. nach Vojta, überprüft werden, ob eine Zentrale Koordinationsstörung mit einer Tonusstörung vorliegt. Diese Testungen heißen „Kinesiologische Lagereaktionen nach Vojta".[2] Sie geben Auskunft über das Entwicklungsalter des Kindes von der Geburt bis zur Aufrichtung. Jeder Kinderarzt kann diese Testungen durchführen und somit sehen, ob das Kind eine zeit-

2 Vgl. dazu:
Vojta, Vaclav;
Die zerebralen Bewegungsstörungen
im Säuglingsalter, Frühdiagnose und
Frühtherapie;
8. Auflage, Stuttgart 2008, S. 25

gerechte Entwicklung durchläuft. Der Tonus ist die Grundspannung der Muskeln des Bewegungsapparates (quergestreifte Muskulatur), der es uns ermöglicht, eine natürliche, entspannte Körperhaltung beim Stehen oder Sitzen einzunehmen. Der Tonus kann zu hoch (hyperton) oder zu niedrig (hypoton) sein. Ist er zu niedrig, versucht der Mensch, sich immer wieder aufzurichten, sackt im Oberkörper aber immer wieder zusammen und steht schief. Bei einer Tonusstörung, sowohl hyperton, als auch hypoton, sind die Nacken- und Halsmuskeln nicht in der Lage, den Kopf ohne Zuhilfenahme anderer Muskeln in einer aufrechten Position zu halten.

Diese anderen Muskeln sind z. B. die kontrahierten Muskeln in der Hüfte. Die Adduktoren sind angespannt, so dass sie sich immer weiter verkürzen. Im weiteren Verlauf des Lebens führt dies zu einer Bewegungseinschränkung der Hüften, die Beine können im Yogasitz nicht locker nach außen fallen. Es tut weh oder ist zu anstrengend. Hüftgelenke und Kiefergelenke hängen funktional sehr eng zusammen. Eine Zahnspange kann ein Hinweis darauf sein, dass die Kopfkontrolle nicht stimmt. Im Laufe des Erwachsenenlebens ist es möglich, dass der Zahnarzt feststellt, dass sich die Kiefermuskeln verkürzt haben, wenn der Mund nicht mehr weit geöffnet werden kann. Werden im 4. Monat die diagonalen Augen-Hand-Fuß-Mund-Bewegungen nicht körperlich erfahren, geht man davon aus, dass dies tief greifende Folgen für ein soziales Miteinander haben kann. In dieser Prägephase wird ein Referenzwert für die eigenen Grenzen und die Grenzen der Mitmenschen aufgebaut. Mitfühlende Fähigkeiten, um mit anderen Menschen in Resonanz zu treten, um zu „begreifen" wie diese sich fühlen, werden auch hier erst einmal körperlich eingeübt. Erst die verinnerlichte körperliche Erfahrung führt zu emotionalem Verständnis.

Kinder mit einem noch aktiven Tonischen Labyrinthreflex nehmen die Füße parallel zum Mund, d. h., sie greifen den rechten Fuß mit der rechten Hand und den linken Fuß mit der linken Hand. Kinder mit einem noch aktiven Asymmetrischen Tonischen Nackenreflex können den Fuß nicht richtig greifen, er geht zur Seite weg. Kinder mit einem noch aktiven Symmetrischen Tonischen Nackenreflex strecken die Beine, sobald sie den Kopf anheben.

Werden diese Verhaltensweisen beobachtet, besteht sofortiger Handlungsbedarf. Je früher eine Behandlung eingeleitet wird, desto weniger hat dieses falsche Bewegungsmuster die Möglichkeit, sich im Gehirn zu verankern.

Das menschliche Gehirn

3

In der neuroanatomischen Literatur wird das Gehirn als eine dreischichtige Struktur beschrieben. Die Bestandteile dieser dreischichtigen Struktur bauen aufeinander auf und bedingen sich gegenseitig.[1]

Der geschichtlich älteste Teil ist das Reptiliengehirn mit seinem Hirnstamm. Der Hirnstamm besteht aus dem Mittelhirn (lat. Mesencephalon), der Brücke (lat. Pons) und dem verlängerten Rückenmark (lat. Medulla oblongata). Zusammen organisieren sie unsere physiologischen Grundbedürfnisse. Dazu gehören u. a. die Atmung, die Verdauung und das Triebhafte. Sie arbeiten ohne unser bewusstes Zutun. Der Hirnstamm ist auch dann noch aktiv, wenn der Mensch im Koma liegt. Über die Kleinhirnschenkel ist der Hirnstamm mit dem Kleinhirn verbunden. Das Kleinhirn ist in erster Linie für die Koordination der bereits gelernten Bewegungsabläufe zuständig.[2] Wenn Sie einkaufen gehen, denken Sie nicht daran, wie Sie laufen müssen, sondern eher an das, was Sie besorgen müssen. Das Kleinhirn übernimmt automatisch die gelernte Bewegung. Mittlerweile weiß man jedoch, dass das Kleinhirn auch bei der Verarbeitung aller emotionalen und mentalen Prozesse einen modulierenden Einfluss hat.[3]

Über den Hirnstamm stülpt sich das Limbische System. Es liegt wie ein Saum (Limbus = lat.: Rand) um den Hirnstamm und ist der Teil, in dem sowohl unsere Emotionen als auch das Kurzzeitgedächtnis abgespeichert sind. Das Limbische System hat auch mit unserem inneren Kritiker zu tun, alle unsere Glaubensmuster, unsere Blockaden, aber auch Fähigkeiten sind hier beheimatet. Dazu passt der Ausspruch von Henry Ford: „Wenn Du glaubst, Du kannst es, oder Du glaubst, Du kannst es nicht, Du hast Recht." Im Limbischen System befindet sich der Mandelkern (die Amygdala), der u. a. das Kampf-Flucht-Verhalten regelt und uns Angst, Schmerzen, Wut, aber auch Freude spüren lässt. Der Mandelkern spielt eine entscheidende Rolle bei der Speicherung emotionaler Erinnerungen. Die Amygdala verleiht jedem Ereignis einen emotionalen Gehalt, egal ob man sich dessen bewusst ist oder nicht. Durch entsprechend wiederkehrende Ereignisse werden diese Emotionen wieder hervorgeholt, auch wenn sie zu

1, 2 Vgl.
Trepel, Martin
Neuroanatomie, Struktur und
Funktion
4. Auflage, München 2008

3 Vgl.
Krebs, Charles; Brown, Jenny
Lernsprünge. Eine bahnbrechende
Methode zur Integration des Gehirns
5. Auflage, Kirchzarten 2006

der neuen Situation nicht passen. Der Mandelkern hat Verbindungen zu den Basalganglien, die die motorischen Abläufe koordinieren.

Die Basalganglien sind verantwortlich für die zu lernenden Bewegungen. Möchte ein Fußballer die Torwand unten links treffen, so werden die gezielten Übungen dafür von den Basalganglien gesteuert. Merkt der Spieler kurz vor dem Schuss, dass er damit nicht trifft und kann trotzdem die Schussrichtung nicht mehr korrigieren, so können die Basalganglien die vom Cortex initiierten Bewegungen nicht ausführen, weil die motorischen Restreaktionen der Reflexe in ihrer Impulsgebung zu stark sind. Mit dem Komplex Amygdala und Basalganglien kann man die Redewendungen „Gelähmt vor Angst" oder „Vor Wut um sich schlagen" oder „Vor Freude tanzen" in Verbindung bringen.

Im Limbischen System befindet sich noch der Hippocampus, der entscheidend dazu beiträgt, gelernte Inhalte vom Kurzzeit- ins Langzeitgedächtnis zu transportieren und bei Bedarf auch wieder abzurufen. Er sitzt sowohl in der rechten als auch in der linken Seite des Gehirns, die Kommunikation zwischen dem rechten, visuell-räumlichen und dem linken, digital verarbeitenden Hippocampus findet über verbindende Nervenfasern statt. Im linken Hippocampus sitzt das auditive Kurzzeitgedächtnis, im rechten das visuelle. Wenn die Kommunikationsbahnen zwischen linkem und rechtem Hippocampus zusammenbrechen, kann das z. B. einen Blackout in einer Prüfung zur Folge haben.[4]

Über dem Limbischen System befindet sich der größte Teil unseres Gehirns, der Kortex (die neue Rinde). Es gibt eine rechte und eine linke Gehirnhälfte, die ebenfalls durch Kommunikationsbahnen miteinander verbunden sind, die man Corpus Callosum nennt. Die Leitfunktion des linken Gehirns ist logisch, sequenziell verarbeitend, es sieht und benennt Einzelheiten. Die Leitfunktion des rechten Gehirns ist gestaltmäßig, d. h., es fügt die Einzelheiten zu einem Bild zusammen und hat den Überblick.[5] Beim Lesen des Wortes „Baum" z. B. erkennt das linke Gehirn die einzelnen Buchstaben, das rechte Gehirn erkennt das Wort und liefert das dazugehörige Bild. Der Kortex befähigt die Menschen, bewusst zu denken, Handlungen zu planen, sie auszuführen, Neues zu lernen und im Langzeitgedächtnis abzuspeichern.

Ein Ereignis erleben wir durch all unsere Sinne, mit den Augen visuell, mit den Ohren auditiv, mit der Haut taktil, mit unserem Gleichgewichtssinn in der Bewegung und

4,5 Vgl.
Krebs, Charles; Brown, Jenny
Lernsprünge. Eine bahnbrechende Methode zur Integration des Gehirns
5. Auflage, Kirchzarten 2006

wie es schmeckt und riecht, mit unserem Geschmacks- und Geruchssinn. Der emotionale Gehalt eines jeden Ereignisses findet sich in der Amygdala (Mandelkern) und auch in den darunter liegenden Arealen, wie z. B. dem Periaquäduktalen Grau, das nach Panksepp[6] an den Emotionen, wie Lust, Angst, Wut, Fürsorge, Panik und Freude, beteiligt ist. Ein Gedächtnisinhalt ist in verschiedenen Arealen des Gehirns abgespeichert, die man von der Einteilung und Lage her als Lappen bezeichnet. Die visuelle Erinnerung wird in den visuellen Assoziationsgebieten im Okzipitallappen, abgelegt, die auditive Erinnerung im auditiven Assoziationsgebiet im seitlichen Temporallappen. Die Berührung wird im Parietallappen und der Geschmack im Temporallappen gespeichert. Der Geruch ist im hinteren medialen Temporallappen angesiedelt.[7]

Wird etwas Neues unter Stress gelernt, so verleiht die Amygdala diesem Inhalt eine belastende Emotion. Der Hippocampus erinnert Gegenstände und Ereignisse als Fakten. Wenn etwas unter Druck, Anspannung oder Angst gelernt wird, so ist es möglich, dass diese Lerninhalte nicht dauerhaft ins Langzeitgedächtnis übernommen werden oder dass sie besonders präsent sind, dann aber verbunden mit einer negativen Emotion. Kann man in einer entspannten Atmosphäre lernen, ist neugierig auf Neues, so ist der Hippocampus sehr aufnahmebereit, da die Amygdala ruhig bleibt. Man kann dann in der Ruhephase, meist nachts im Schlaf, das Wissen vom Kurzzeitgedächtnis ins Langzeitgedächtnis transportieren.[8]

Ohne den präfrontalen Kortex kann der Hippocampus jedoch gar nichts tun. Jener stellt die Exekutive dar, die darüber entscheidet, was bearbeitet wird und wie die Handlungen dann aussehen werden. Der präfrontale Kortex kann in mehrere Abschnitte unterteilt werden, die für unterschiedliche Aufgaben zuständig sind. Das so wichtige Arbeitsgedächtnis - für die Aufnahme von neu zu Lernendem und das Aufgabenmanagement zuständig - wird unterstützt von einem anderen Areal des präfrontalen Kortex, welches das Sozialverhalten regelt und mit daran beteiligt ist, die Konsequenzen aus einer Handlung abzuschätzen. Im weitesten Sinne kann man sagen, dass dieses Areal mit Verantwortungsgefühl zu tun hat. Der vordere Teil des Kortex steuert die Aufmerksamkeit, die Motivation und die Affektregulation. Insbesondere das Arbeitsgedächtnis erhält über die Sinne neue Informationen. Werden neue Vokabeln gelernt, so ist dieser Bereich besonders aktiv, ebenso wie der Hippocampus und das Wernicke- und Broca-Areal. Die Wernicke- und Broca-Areale sind für die sprachliche Verarbeitung zuständig. Das Areal, in dem das Wernicke-Sprachzentrum

6 Vgl.
Panksepp, Jaak
Affective Neuroscience – The Foundation of
Human and Animal Emotions,
Oxford 1998

7 Vgl.
Frank-Scholler, Angela
Das Gehirn von A-Z, Anatomie und Funktion auf
einen Blick, Ein Handbuch für die Praxis,
Elchingen 2009.

8 Vgl.
Ratey, John
Superfaktor Bewegung
Kirchzarten 2009

hinten liegt, ist mit seinem vorderen Teil an der auditiven Verarbeitung beteiligt.[9] Der Hippocampus empfängt die Informationen aus dem Thalamus, der sogenannten Umschaltstation für eintreffende sensorische Reize und gleicht sie ab mit den Informationen, die er aus den o. g. relevanten kortikalen Bereichen abruft, bereitet sie neu auf und transportiert sie in einem neuen Kontext wieder zu den entsprechenden Gehirnarealen als Fragmente ab. Damit hat sowohl ein neuer Lernprozess stattgefunden als auch die Etablierung eines neuen Gedächtnisinhaltes.[10]

Die drei „Gehirne" (Hirnstamm mit Kleinhirn, Limbisches System und Großhirnrinde (Kortex)) bauen nicht nur aufeinander auf, sondern beeinflussen sich auch gegenseitig, wobei dem Hirnstamm mit seinen unbewussten „Aktionen" eine weitaus größere Rolle zukommt, als noch bis vor kurzem angenommen wurde. Auf unbewusste Prozesse hat der Mensch über seinen Verstand keinen direkten Zugriff, so dass er nicht merkt, wenn er über seinen Hirnstamm zu stark beeinflusst wird und Handlungen ausführt, die seine Umgebung in Erstaunen versetzen oder gar ärgern.

Was hat das alles mit Reflexen zu tun?[11]
Reflexe sind die motorische Antwort auf sensorische Stimuli, die über die Sinne erfahren werden, im Hirnstamm ihren Ausgang haben, über neurologische Schleifen zum Cerebellum von diesem moduliert werden und dann zu entsprechenden Verarbeitungsprozessen in den höher gelegenen Gehirnarealen führen. Ist nun ein frühkindlicher Reflex nicht vollständig integriert, so werden die Ausführungen aller nachfolgenden Aktionen in den höher gelegenen Gehirnarealen in dem Maße begrenzt, wie die frühkindlichen Reflexe noch motorische Restreaktionen aufzeigen. Stellen Sie sich vor, Sie müssten ständig daran denken zu atmen. Ihr Atmen wäre also kein automatisch ablaufender Vorgang. Sie hätten kaum Zeit, irgendetwas anderes zu tun.

Umgekehrt müssen nun nicht vollständig integrierte Reflexe, die zu einer bestimmten Zeit unser Überleben gesichert haben, in ihren motorischen Restreaktionen kortikal kontrolliert werden. Dies bindet sehr viel Potential in den bewussten Gehirnarealen, das somit für intellektuelle Leistungen nicht mehr zur Verfügung steht. Wenn nun ein Reflex nicht in dem für ihn zuständigen Zeitfenster vollständig integriert, können sich die nachfolgenden ebenfalls nicht vollständig entwickeln und integrieren, weil der erste nicht integrierte Reflex keinen „Platz" für seine nachfolgenden „Kameraden" geschaffen hat. Es ist eine Kettenreaktion, die vollständig unbewusst abläuft, was dazu führt, dass sich der Mensch bestimmten Situationen ausgeliefert fühlt, ohne

9 Vgl.
Frank-Scholler, Das Gehirn von A-Z.
10 Vgl.
Ratey, Superfaktor Bewegung

11 Vgl.
Masgutova, Svetlana
Integration of Dynamic and Postural Reflexes into the Whole Body Movement System, a Neurokinesiological Approach
Warsaw (Warschau) 2004

dem irgendetwas wirksam entgegensetzen zu können. Ein nicht beabsichtigter Automatismus greift, weil vom Hirnstamm der Impuls zu den motorischen Restreaktionen der Reflexbewegungen ausgeht. Und dies läuft vollkommen unbewusst ab. Es kommt zu Kompensationsverhalten, weil ansonsten alles zu anstrengend, zu gefahrvoll, zu frustrierend und nicht von Erfolg gekrönt ist.

Es ist ein Irrtum, zu glauben, dass sich diese Kompensationsmuster auswachsen, dass also die Restreaktionen nicht integrierter Reflexe verschwinden. Sie bleiben im Gegenteil bis zum Ende des Lebens bestehen, wenn man nicht gezielt etwas dagegen tut. Zeigt zum Beispiel der Moro-Reflex, der bei der Geburt eines Menschen vollständig vorhanden ist und bis zum 4. Monat integriert sein sollte, noch Restreaktionen, so befindet sich dieser Mensch später immer wieder in einer Abwehrhaltung, ist häufig überreizt, neue Herausforderungen machen ihm Angst, und seine Konzentrationsdauer ist eingeschränkt. Ein solcher Mensch hat innerlich das Gefühl, ständig unter Spannung zu stehen und weiß nicht warum.

Der Grund hierfür liegt darin, dass der Betroffene immer wieder Impulse aus dem untergeordneten Teil des Hirns, dem Hirnstamm bekommt, was zu automatischen Bewegungen führt, die aber zu der Situation nicht passen. Er versucht, die motorischen Restreaktionen zu unterdrücken, wodurch beabsichtigte Bewegungen in ihrer vollständigen Ausführung behindert werden. Es ist so, als würden Gaspedal und Bremse gleichzeitig gedrückt, man kommt nicht vorwärts.

Für diese betroffenen Menschen ist das Lernen und Arbeiten häufig mühsam, sie ermüden schnell und steigen dann aus der jeweiligen Situation aus. Auf die Dauer kann das ganze Leben mühselig werden, der Energieaufwand wird immer höher, um den Anforderungen des Alltags gerecht zu werden. Das Schlimme dabei ist: Sie kennen keinen anderen Zustand, für sie ist dieser Zustand normal; sie haben keinen Vergleich, wie das Leben leichter sein könnte. Umgekehrt kann natürlich auch jemand, bei dem die Reflexe optimal integriert sind, nicht nachfühlen, wie viel Energie es kostet, die Restreaktionen unter Kontrolle zu halten und wie hoch der Leidensdruck ist. Die Folge ist, dass alle nachfolgenden Reflexe nicht zur vollen Ausreifung und Integration kommen können. Die Ausprägungen der verschieden Restreaktionen sind sehr individuell, man kann jedoch sagen: Je auffälliger und anstrengender das Verhalten ist, desto eher ist es angebracht, Maßnahmen zur Integration von Reflexen zu ergreifen. Das Alter spielt dabei keine Rolle! Man kann auch mit 60 Jahren noch anfangen!

Die Reflexe in ihrem zeitlichen Verlauf

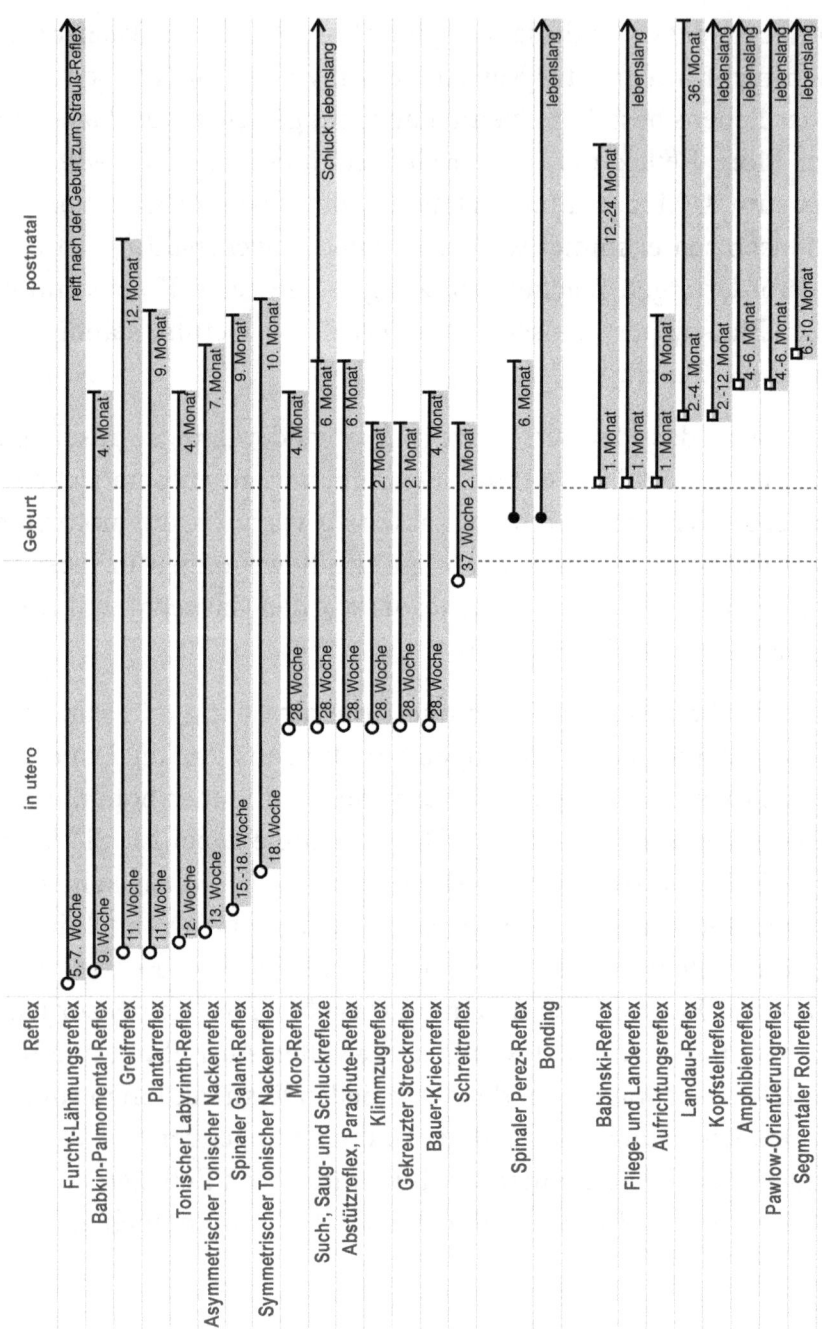

Die Reflexe in ihrem zeitlichen Verlauf

Grafik: Bärbel Hölscher

Furcht-Lähmungs-Reflex (FLR) 4.1

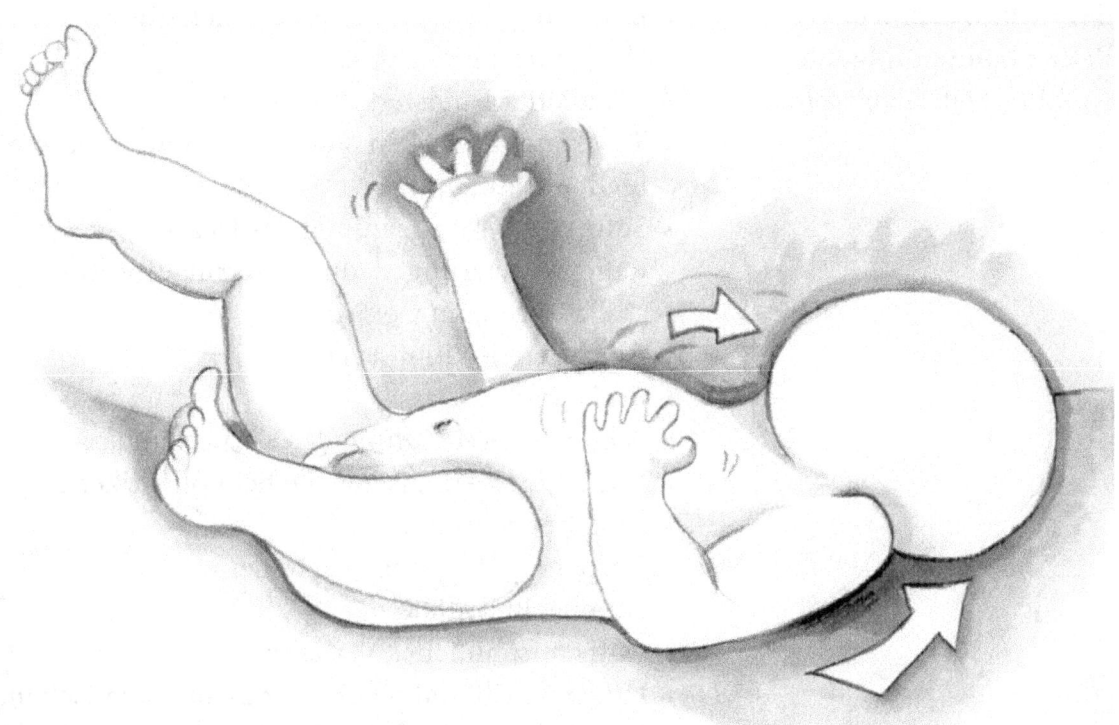

Entstehung:
5.–7. Woche intrauterin
Dauer:
Ein Leben lang
Transformation:
Zum Straussreflex (reife Schreckreaktion)

Auslöser:
Beim Furcht-Lähmungsreflex (FLR)
werden die Extremitäten überstreckt,
und das Baby erstarrt in der Bewegung.
Er wird visuell, taktil oder auditiv
ausgelöst.

Erläuterungen:
Der FLR entwickelt sich intrauterin
und ist die Grundlage für alle anderen nachfolgenden Reflexe. Er ist eine
Schreck- oder Angstreaktion. Er bleibt
ein Leben lang bestehen. Später geht
er über in den **reifen Straussreflex**.
Die Transformation des FLR in die
reife Straussreaktion ist unabdingbar
für einen angemessenen Umgang mit
Schrecksituationen. Manchmal können FLR und **Moro-Reflex** durch ein
lautes Geräusch aktiviert werden. In
diesem Fall wird erst der FLR aktiviert,
dann der Moro.

Bei nicht transformiertem Reflex können folgende Auffälligkeiten auftreten:

- Erstarrung bei Schrecksituationen ohne Handlungsmöglichkeit
- Plötzlicher Kindstod ist möglich
- Trockenes Ertrinken, Person kann nur einatmen, nicht ausatmen
- Sofortige Verlangsamung des Herzschlages bei Reflexaktivierung, dadurch verringerte Sauerstoffzufuhr zum Gehirn
- Absacken des Blutdrucks
- Erblassen
- Schnelle Verringerung der Körpertemperatur
- Erniedrigte Anfallschwelle bei Epileptikern
- Schlaffer Muskeltonus
- Körper sackt in sich zusammen
- Ohnmachtsanfälle
- Autismusähnliches Verhalten
- Hypersensibilität gegenüber Licht, Geräuschen, Menschenmengen, Kritik
- Unfähigkeit, auf äußere Ansprache oder Ereignisse zu reagieren
- Unfähigkeit, auf bedrohliche Situationen zu reagieren
- Schluckbeschwerden
- Sprachliche Ausdrucksschwierigkeiten in Konflikten
- Konfliktvermeidung
- Hypochondrie
- Extreme Berührungsempfindlichkeit (s. Taktilität)
- Depressions- und Selbstmordgefährdung
- Trennungsängste
- Schulängste
- Emotionale Starre
- Gefühle können nicht gezeigt oder geäußert werden

Babkin-Palmomental-Reflex

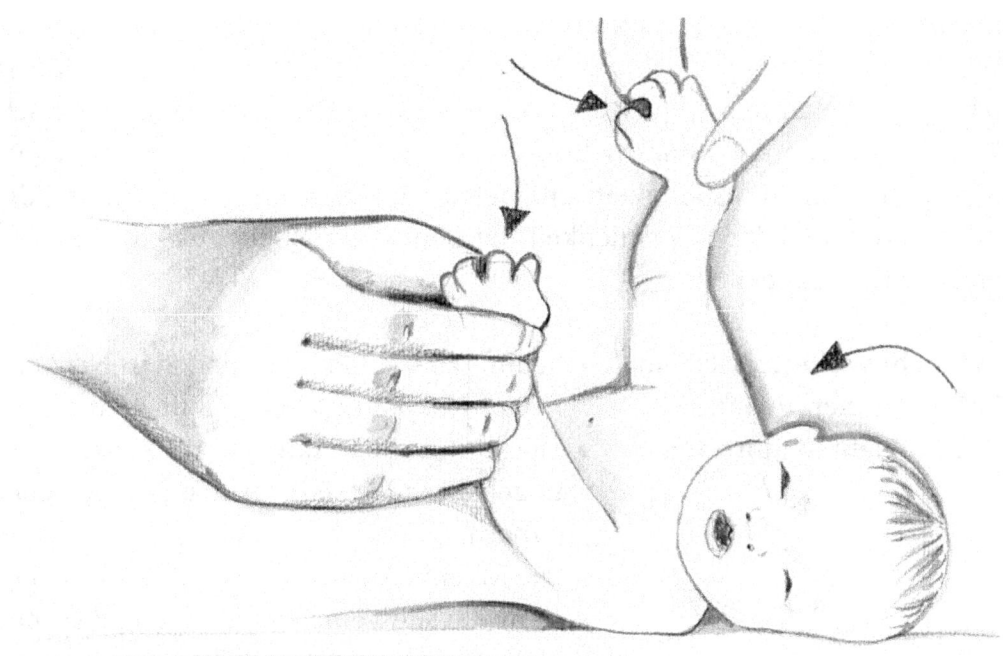

Entstehung:
Ab 9. Woche intrauterin
Dauer:
Geburt bis 3 Monate
Integration:
Im 4. Monat

Auslöser:
Das Baby liegt auf dem Rücken, reagiert auf Druck in beide Handflächen mit offenem Mund und Kopfbewegungen auf die Brust oder zur Seite.

Erläuterungen:

Der Reflex schafft die Basis zur Entwicklung des **ATNR**. Er ist wichtig für die korrekte Zungenhaltung. Die Integration des Hand-Mund-Reflexes ist entscheidend für die Entwicklung der Koordination von Hand und Sprechorgan, später von Sprache und Kommunikationsfähigkeit. Er spielt auch eine Rolle bei der Entwicklung der Gesichtsmimik und der Beweglichkeit der Schädelknochen, insbesondere des Keilbeins und der Kieferknochen.

Bei nicht voll integriertem Reflex können folgende Auffälligkeiten auftreten:

▸ Schmerzhafte Verspannungen in Nacken- und Brustmuskulatur können auftreten

▸ Die starken Spannungen im Körper können sich in geballten Fäusten, Grimassen und Zuckungen äußern.

▸ Die Muskulatur in den Händen kann aber auch zu schwach sein, eine ausgewogene Feinmotorik ist nicht zu leisten.

▸ Der Pinzettengriff fällt schwer und die Stifthaltung ist verkrampft.

▸ Die Kommunikationsfähigkeit ist beeinträchtigt.

▸ Der schriftliche Ausdruck eigener Gedanken ist schwierig.

▸ Mundmitbewegungen oder Zusammenbeißen der Zähne beim Schreiben sind zu beobachten.

Greifreflex

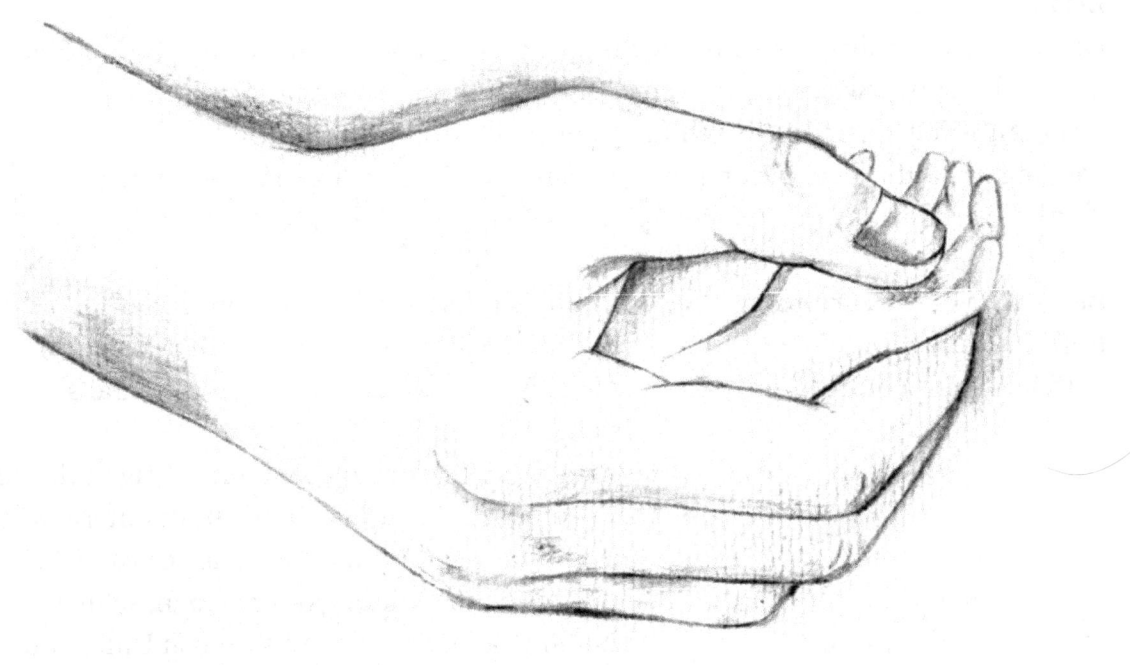

Entstehung:
11. Woche intrauterin
Dauer:
Von Geburt bis zum 1. Lebensjahr aktiv
Integration:
Ende des 1. Lebensjahres

Auslöser:
Der Reflex wird ausgelöst, wenn das Kind etwas in die Hand bekommt und sie schließt.

Erläuterungen:

Der Reflex beeinflusst die Entwicklung der Grobmotorik der Hand. Er bereitet die Unterscheidung zwischen rechter und linker Seite vor sowie die Hand-Mund- und Hand-Fuß-Koordination. Durch die Koordination von oberer und unterer Körperbewegung wird die Zentrierung ausgebildet. Der Greifreflex arbeitet immer mit dem **Klimmzugreflex** zusammen, der später in den Greifreflex integriert wird.

Bei nicht voll integriertem Reflex können folgende Auffälligkeiten auftreten:

▸ Die Entwicklung der Seitigkeit ist verlangsamt.

▸ Die Hand-Augen-Koordination bleibt unsicher.

▸ Die Hand-Fuß-Koordination bleibt ebenfalls unsicher.

▸ Feinmotorische Probleme können in Folge auftreten.

▸ Die Grobmotorik der Hände bleibt undifferenziert.

▸ Eine verkrampfte Stifthaltung, starkes Aufdrücken des Stiftes beim Malen und Schreiben, schnelle Ermüdung beim Schreiben führen zu Unlust und Verweigerung.

▸ Mitbewegung des Mundes und der Zunge während des Schreibens sind beobachtbar.

▸ Eine undeutliche Artikulation ist häufig zu hören.

Plantarreflex

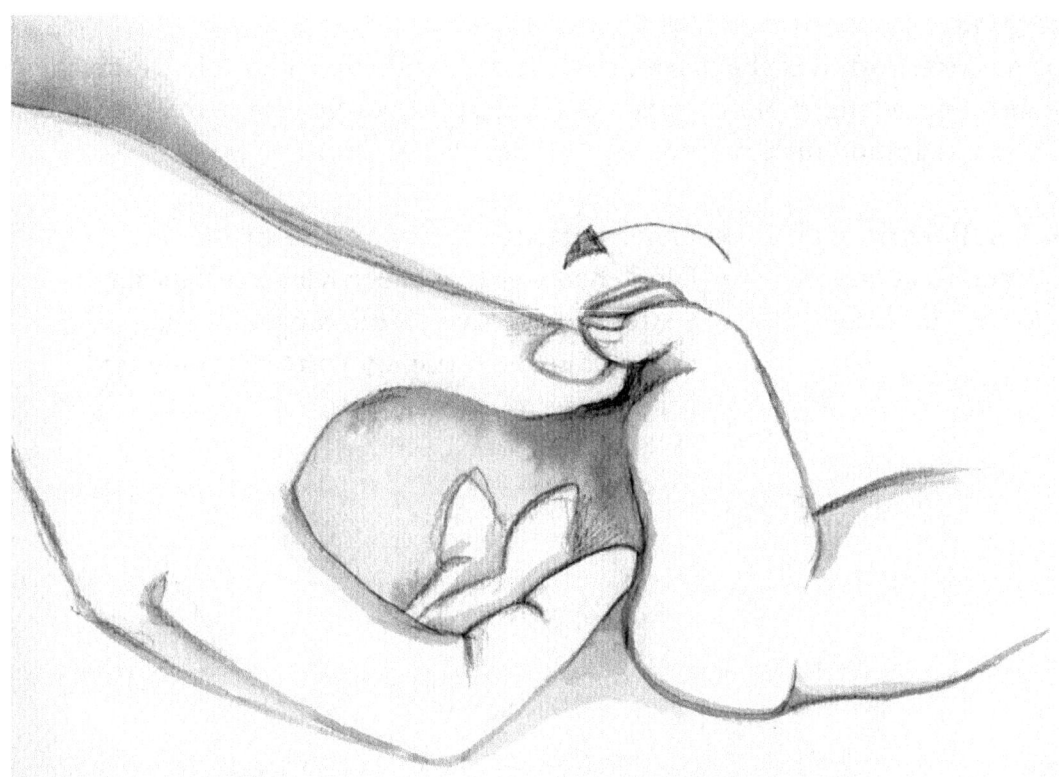

Entstehung:
11. Woche intrauterin
Dauer:
Von Geburt bis zum 9. Lebensmonat
Integration:
Ende des 9. Lebensmonats

Auslöser:
Bei Druck auf die Fußsohle werden die Zehen eingerollt.

Erläuterungen:

Genauso wie der **Greifreflex** (Palmarreflex) bereitet der Plantarreflex die Unterscheidung von rechter und linker Seite sowie die Hand-Fuß-Koordination vor. Er sorgt bei erfolgreicher Integration für ein sauberes Abrollen des Fußes.

Bei nicht voll integriertem Reflex können folgende Auffälligkeiten auftreten:

▶ Zehenspitzengang tritt ab und zu auf.
▶ Die Zehen werden immer wieder eingerollt.
▶ Später können sich Hühneraugen bilden.
▶ Umständliches Anziehen von Strümpfen und Schuhen ist zu beobachten.

Tonischer Labyrinth-Reflex ^(TLR)   4.5

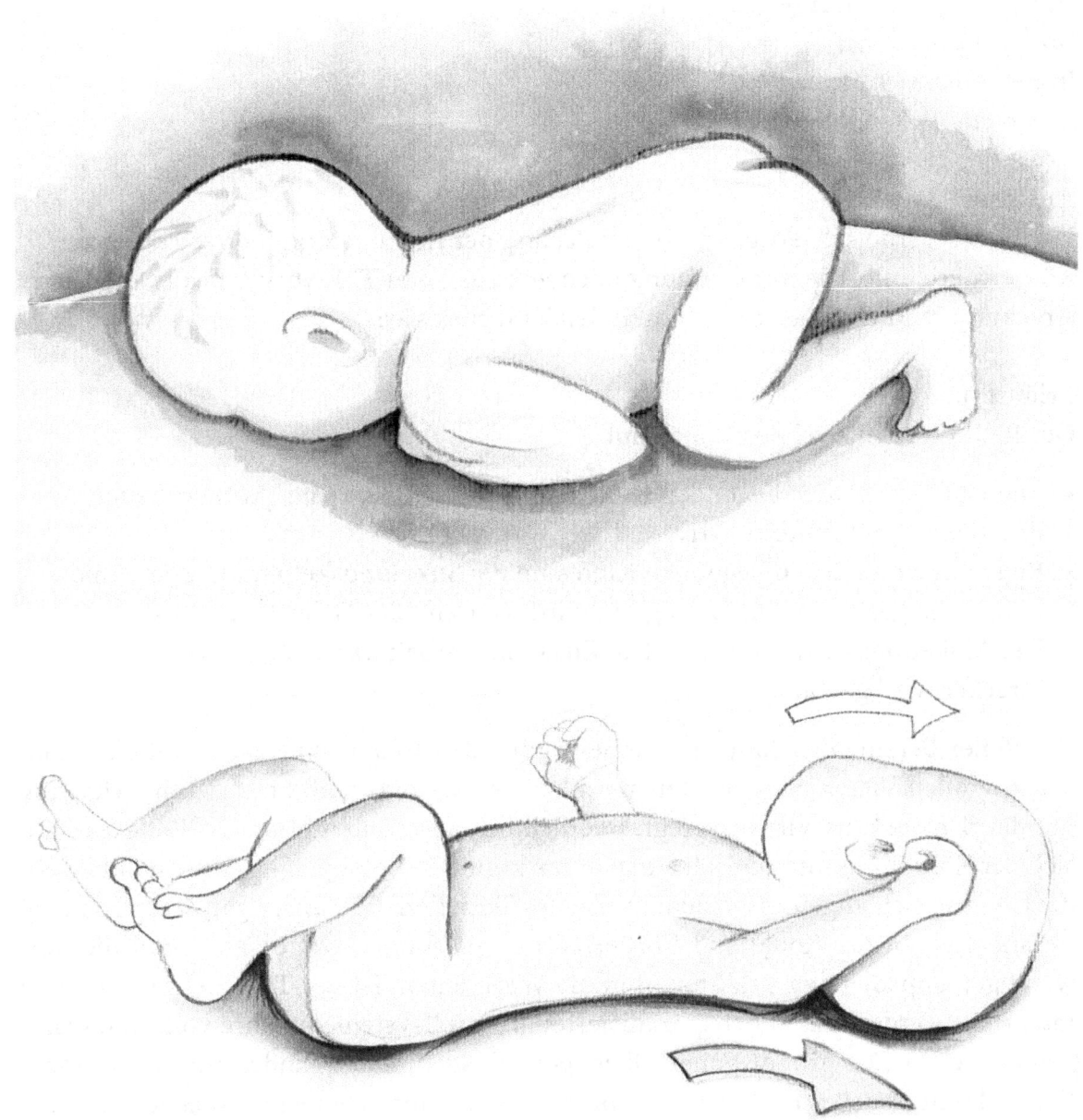

Entstehung:
12. Woche intrauterin bis Geburt
Dauer:
Aktiv von der Geburt bis zum 4. Lebensmonat
Integration:
In Beugung 3.-4. Monat
In Streckung 2.-4. Monat

Auslöser:
Der Reflex wird aktiviert bei der Veränderung der Kopfposition im Verhältnis zur Körpermittellinie. Die Kopfbeugung nach vorn löst den TLR vorwärts aus, die Überstreckung in Rückenlage nach hinten den TLR rückwärts.

Erläuterungen:
Der Reflex tritt in zwei Positionen auf:

▸ Beim auf dem Bauch liegenden Kind sind Nacken, Beine und Arme gebeugt.
▸ Er ist bereits intrauterin aktiv.
▸ Beim auf dem Rücken liegenden Kind sind die Streckmuskeln tätig. Beine und Arme sind gestreckt. Die Bewegung wird während der Geburt ausgelöst. Der Mukeltonus wird trainiert. Die Zusammenarbeit zwischen Beuger und Strecker wird geübt.

Der Reflex bereitet das Baby auf die Bewegung des Rollens und später auf das Krabbeln auf allen Vieren, auf das Stehen und Gehen vor, das heißt, der richtige Umgang mit der Schwerkraft wird angeregt. Bei nicht erfolgter Integration des Reflexes wird sich der Körper nie automatisch entspannen können. Die Kopfstellreflexe haben nicht die Chance, sich angemessen zu entwickeln. Sie sollen aber unser ganzes Leben lang Veränderungen der Kopf- und Körperhaltung im Raum kontrollieren und die notwendigen anpassenden Reaktionen in die Wege leiten. Ist der TLR nicht vollständig integriert, werden diese hochspezialisierten Kontrollsysteme nie ihre volle Wirksamkeit erreichen. Das grundlegende Gleichgewichtsgefühl des Kindes wird beeinträchtigt und sein visuelles Feld instabil sein. Zudem kommt es bei einer Nackenstreckung zur Überspannung aller Streckmuskeln, bei einer Nackenbeugung zur Überspannung aller Beugemuskeln.

Bei nicht voll integriertem Reflex können folgende Auffälligkeiten auftreten:

- Haltungsschäden
- Muskelverspannungen
- Dysfunktionen des vestibulären Systems
- Gleichgewichtsstörungen
- Mangel an Bewegungskoordination
- Schwierigkeiten mit Zeit- und Raumwahrnehmung
- Unverständnis für Ursache und Wirkung
- Probleme in der sensorischen Integration
- Mangel an Aufmerksamkeit
- Verlangsamte Reaktion / langsames Arbeiten
- Selbstkontrolle schriftlicher Arbeiten ist mangelhaft
- Buchstaben werden verdreht
- Abschreiben von der Tafel ist anstrengend
- Schlechtes Kurzzeitgedächtnis
- Probleme mit der Figur-Grund-Unterscheidung
- Hörverarbeitung eingeschränkt

Symptome des TLR **vorwärts**:
- Reisekrankheit
- Eingeschränktes Zeitgefühl
- Eingeschränkte Organisationsfähigkeit
- Schlaffer Muskeltonus
- Schlechte Haltung

Symptome des TLR **rückwärts**:
- Zehenspitzengang
- Straffer Muskeltonus
- Auffällige Halte- und Stellreaktionen
- Räumliche Wahrnehmungsprobleme
- Verhinderung von Überkreuzbewegungen

Asymmetrischer Tonischer Nackenreflex (ATNR)

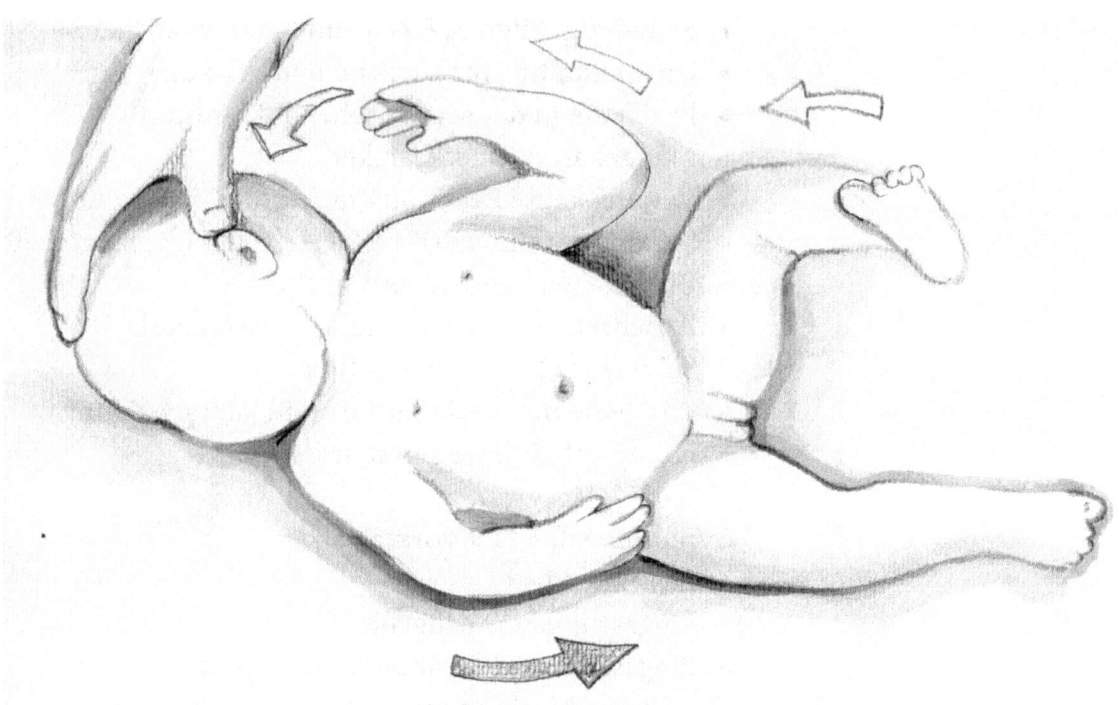

Entstehung:
13. Woche intrauterin
Dauer:
4.–6. Lebensmonat
Integration:
6.–7. Lebensmonat

Auslöser:
Der Reflex wird durch Kopfdrehung zur Seite aktiviert. Dadurch werden die Gliedmaßen auf derselben Seite, zu der der Kopf gedreht ist, gestreckt. Die Gliedmaßen der anderen Seite werden gebeugt.

Erläuterungen:

Der Reflex unterstützt die einseitigen homolateralen Bewegungen und die Entwicklung mehrerer kognitiver Systeme, wie z. B. die auditive und die visuelle Wahrnehmung, die Raumorientierung und das Wahrnehmungsgedächtnis. Er ist besonders verantwortlich für die linke Hemisphäre und für das Sprech- und Sprachzentrum. Er hilft bei der Entwicklung des **STNR** und ist z. B. schon während der Schwangerschaft als Trampelbewegung spürbar. Während der Geburt unterstützen die ATNR-Bewegungen die Wehenkontraktionen! Die Geburt wird ausgelöst durch das Kind und ist immer eine Zusammenarbeit von Mutter und Kind! Der ATNR ist der Gegenspieler des **Perez-Reflexes** und verschafft dem Kind eine Verschnaufpause unter der Geburt.

Integriert der ATNR nicht vollständig, kommen bei Auslösung durch die Kopfdrehung sämtliche Streckmuskeln vom Kopf bis zu den Füßen auf der Gesichtsseite in einen Hypertonus. Und zwar von der Kopfhaut über Gesichtsmuskeln, Zunge, Schultern den Körper hinunter bis zum Fuß. Auf der Hinterkopfseite sind die Beugemuskeln von oben bis unten in einem Hypotonus. Das ist sehr anstrengend, denn es kann das Gefühl für eine Mitte nicht erfahren werden.

Bei nicht voll integriertem Reflex können folgende Auffälligkeiten auftreten:

▸ Die auditive und die visuelle Wahrnehmung sind beeinträchtigt.

▸ Die Orientierung im Raum ist eingegrenzt.

▸ Schwierigkeiten beim Wechsel von fokussiertem zu peripherem Sehen oder Hören können auftreten.

▸ Gedächtnis- und Merkfähigkeitsstörungen sind beobachtbar.

▸ Homolaterale Bewegungsmuster herrschen vor.

▸ Die vertikale Körpermittellinie kann nicht gekreuzt werden.

▸ Das Drehen des Kopfes löst Mitbewegungen der Extremitäten aus.

▸ Gleichgewichtsprobleme können auftreten.

▸ Schwierigkeiten in der Rechtschreibung, Grammatik und beim Rechnen sind ebenso zu erwarten wie Schwierigkeiten bei der schriftlichen Formulierung eigener Gedanken.

▸ Beim Lesen wird der Kopf mitbewegt, Buchstaben und Wörter werden ausgelassen.

▸ Die Eigendynamik des Körpers verursacht viel emotionalen Stress und eine niedrige Frustrationstoleranz.

▸ ADS und ADHS können sich in der Folge entwickeln.

Spinaler Galant-Reflex

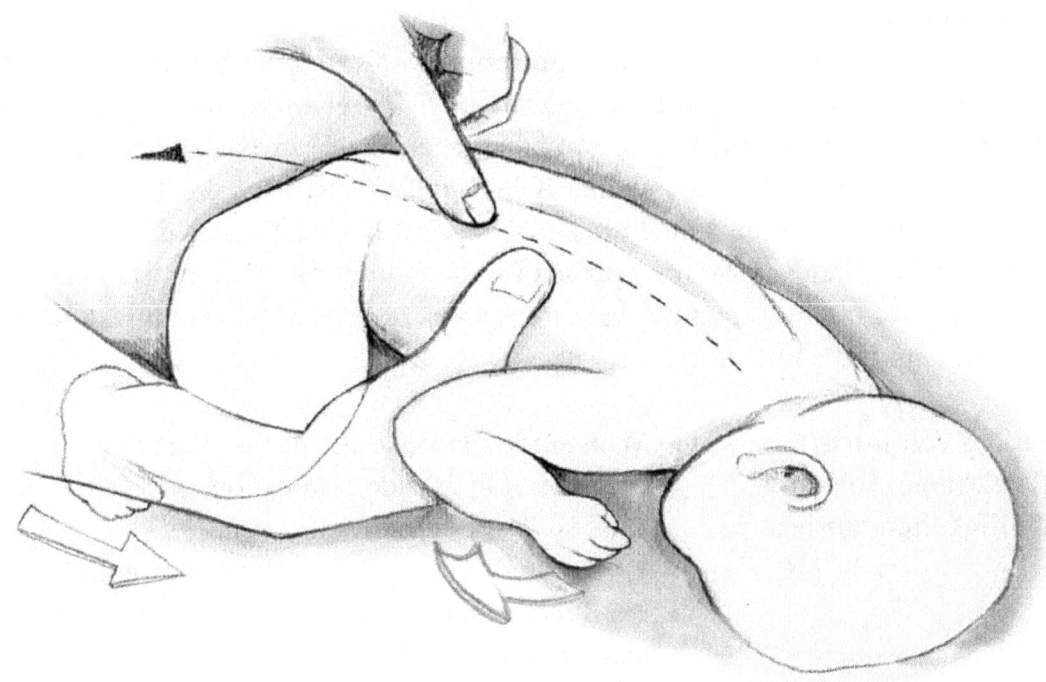

Entstehung:
15.–18. Woche intrauterin

Dauer:
Beginnt ab dem 5./6. Schwangerschafts-
monat aktiv zu werden, hilft beim
Geburtsprozess

Integration:
Mitte 5. Lebensmonat bis zum 9. Lebensmonat, manchmal sogar noch länger

Auslöser:
Der Spinale Galant-Reflex wird ausgelöst, wenn man dem auf dem Bauch
liegenden Baby neben der Wirbelsäule
vom Nacken zum Kreuzbein den Rücken entlang streicht. Dabei wird die
Hüfte derselben Seite gebeugt und das
Bein angezogen.

Erläuterungen:

Der Reflex ist entscheidend für die Kopfdrehung während der Schwangerschaft und bereitet die richtige Position für die Geburt vor. Er ist während der Geburt aktiv und regt kreuzweise Bewegungen des Rumpfes gegen die Hüfte an. Bei Ermüdungserscheinungen unter der Geburt werden **ATNR** und **STNR** aktiv, die den Spinalen Galant stoppen, um dem Baby eine Ruhepause zu verschaffen. Dies ist die Zeit zwischen den Wehen. Der Reflex ist verantwortlich für die Hörentwicklung und die Ausreifung des Gleichgewichts im Innenohr. Er wird später Teil des **Sehnenschutzreflexes**, der ein Leben lang bestehen bleibt.

Bei nicht voll integriertem Reflex können folgende Auffälligkeiten auftreten:	▶ Mangelnde Blasenkontrolle ist möglich. ▶ Bettnässen bei Kindern, die älter als 5 Jahre sind, ist beobachtbar. ▶ Verdauungsstörungen können auftreten. ▶ Bei überstarker Kitzligkeit kann nicht unterschieden werden zwischen Schmerz und Vergnügen. ▶ Das Kind kann keine enge Kleidung ertragen und ist unruhig. ▶ Es hat Schwierigkeiten, länger sitzen zu bleiben, wenn der Rücken die Stuhllehne berührt. Konzentrationsstörungen sind dadurch vorprogrammiert. ▶ Ein schlechtes Kurzzeitgedächtnis ist möglich. ▶ Übermäßige Schwatzhaftigkeit kann beobachtet werden. ▶ Skoliose, schiefer Gang und einseitige Hüftrotation fallen auf. ▶ Nervöse Unruhe und Hyperaktivität sind auffällig. ▶ Eine schlechte Handschrift kann die Folge sein. ▶ Restreaktionen können die Entwicklung des Amphibienreflexes und Segmentalen Rollreflexes behindern.

Symmetrischer Tonischer Nackenreflex (STNR)

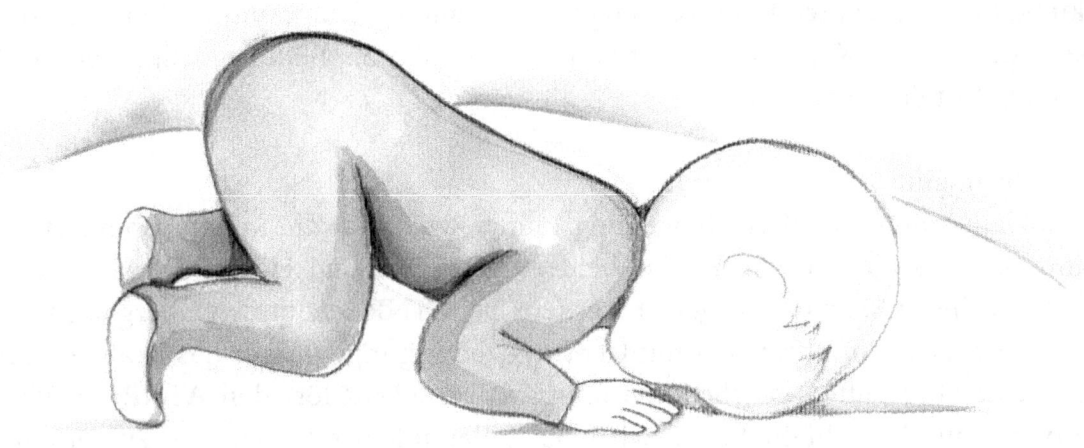

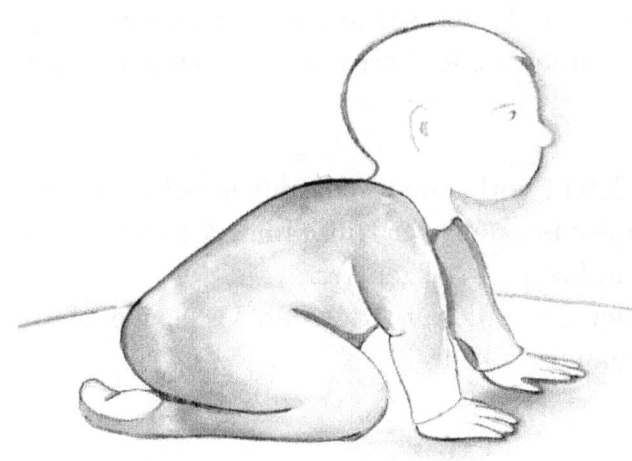

Entstehung:
18. Woche intrauterin, ausgereift
nach der Geburt
Dauer:
Aktiv ab 6. Monat;
vom 7.–9. Monat kriecht das Baby
asymmetrisch auf dem Bauch;
ab 10. Monat Überkreuz-Krabbeln
Integration:
Im 10. Monat

Auslöser:

Der STNR wird in zwei Positionen aktiviert, nämlich in der Beugung und in der Streckung. Beim gebeugten Kopf werden die Arme auch gebeugt und die Beine gestreckt. Beim gestreckten Kopf sind die Arme gestreckt und die Beine gebeugt. Die Kopfbewegung löst das Reflexmuster aus.

Erläuterungen:

Das Kind kommt bei dieser Bewegung immer wieder in die Ruheposition, um zwei Sinnesprozesse zu aktivieren: das beidseitige Sehen und Hören. Der Reflex kann auch im Vierfüßlerstand ausgelöst werden. Der STNR schafft den Übergang von der statischen Lage zum Krabbeln mit Überkreuzbewegungen. Über das Krabbeln arbeiten beide Hirnhälften synchron zusammen. Der STNR löst den **ATNR** ab. Mit der Entwicklung der Sehfähigkeiten wird der Reflex integriert, sodass es zu gerichteten unabhängigen Bewegungen kommen kann. Während beim **ATNR** die Sehfähigkeit auf Armlänge begrenzt ist, wird beim STNR die Fernsicht trainiert. Die Raumwahrnehmung und das dreidimensionale Sehen und Hören sowie die Zeitwahrnehmung werden angelegt. 75% der Kinder mit Legasthenie oder Lernstörungen weisen einen noch aktiven STNR auf.

Ist der Reflex nach dem 10. Monat noch latent vorhanden, so kommen bei einer Nackenstreckung sämtliche Beugemuskeln des Beckens, der Hüfte und der Beine rein reflektorisch in einen Hypertonus, das Kind ist dem ausgeliefert.
Im Oberkörper sind alle Streckmuskeln des Gesichts, der Arme und des Nackens hyperton. Bei der Nackenbeugung ist es genau umgekehrt.

Bei nicht voll integriertem Reflex können folgende Auffälligkeiten auftreten:

- ▶ Das Kind ist nicht gekrabbelt.
- ▶ Es sitzt in der W-Sitzhaltung auf dem Boden.
- ▶ Eine charakteristische Schreibhaltung ist folgende: Der Kopf neigt sich nach vorne und die Beine werden um die Stuhlbeine geschlungen.
- ▶ Schlechte Augen-Hand-Koordination liegt vor.
- ▶ Beim Schwimmen sacken die Beine nach unten weg.
- ▶ Nah- und Ferneinstellung der Augen beim Schreiben und Ballspielen ist nicht ausreichend vorhanden.
- ▶ Charakteristische Kopfhaltungen sind folgende: Der Kopf geht nach unten, der Blick geht von unten nach oben, dadurch wird misstrauisch geschaut, die vorderen Nackenmuskeln sind verkürzt und die hinteren verlängert.
  Oder: Der Kopf geht in den Nacken, Spannung im Nacken baut sich auf und der Gesichtsausdruck wird hochnäsig.
- ▶ Beide Kopfstellungen beeinflussen die Wahrnehmung und das Gedächtnis negativ.

Moro-Reflex

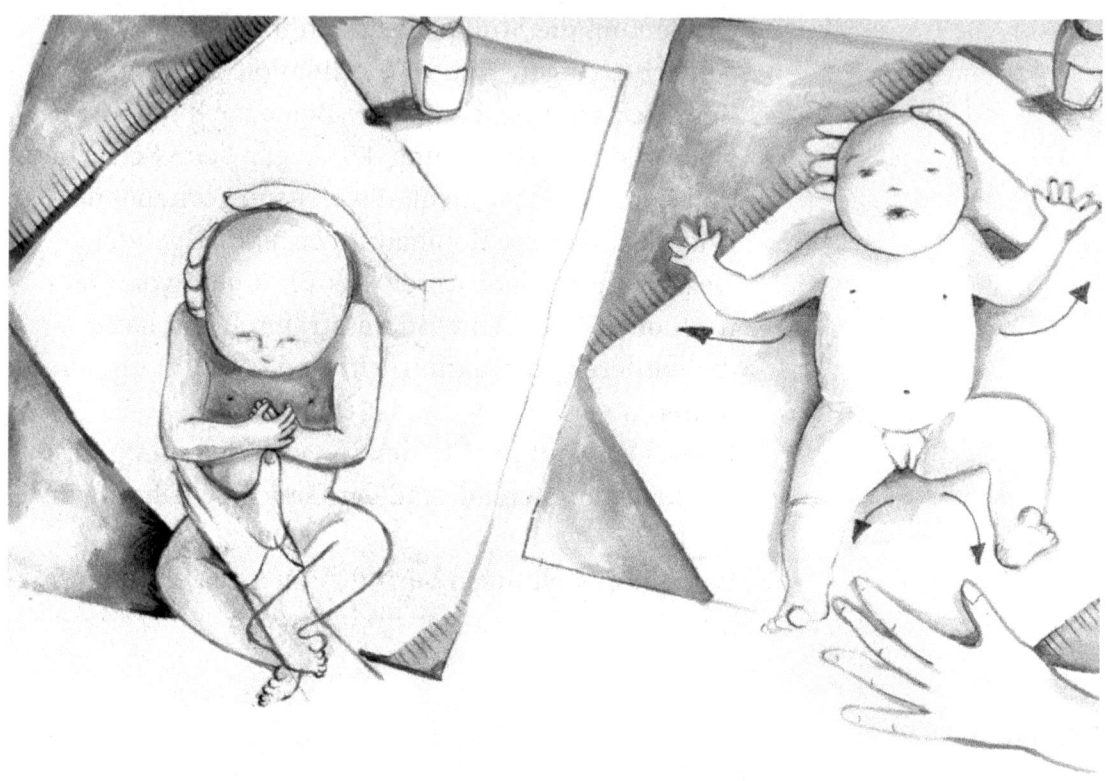

Entstehung:
28. Woche intrauterin
Dauer:
Geburt bis 3./4. Lebensmonat
Integration:
3./4. Lebensmonat

Auslöser:
Der Moro wird ausgelöst bei einem plötzlichen Wechsel der Kopfposition zum Körper oder einer plötzlichen Lageveränderung über die vertikale Mittellinie hinaus.

Erläuterungen:

Der Moro ist ein Sekundärreflex, der sich als Abzweigung aus dem **Furcht-Läh-mungsreflex (FLR)** schon im Uterus entwickelt und bis zum 4. Monat integriert sein muss. Der **FLR** transformiert zu einem lebenslangen Reflex. Beide Reflexe werden durch unterschiedliche Stimuli ausgelöst. Der Moro-Reflex lässt das Baby direkt nach der Geburt einatmen und den Körper sich strecken. Er bereitet das Baby darauf vor, den Kopf in vertikaler und horizontaler Lage zu halten. Das Gleichgewichtssystem kommt aus der Balance, wenn es zu einer plötzlichen Lageveränderung über die Mittellinie hinaus kommt. Das Reflexmuster stellt eine Angstreaktion dar. Bei Aktivierung des Reflexes wird vermehrt Adrenalin und Cortisol ausgeschüttet, wodurch die Immunabwehr gesenkt wird. Ein integrierter Moro-Reflex ist die Grundlage für die Ausbildung des **Landau-Reflexes** und des **Sehnenschutzreflexes**.

Das Reflexbewegungsmuster besteht aus zwei Phasen:

▸ Beine, Arme und Kopf werden überstreckt, Atem wird eingezogen und die Hände und der Rumpf öffnen sich.

▸ Gegenreaktion in Embryonalhaltung, Hände und Arme sind gebeugt, Hände werden zu Fäusten geballt, dann kommt es zur Ausatmung.

Bei nicht voll integriertem Reflex können folgende Auffälligkeiten auftreten:

- Zwiespalt zwischen oberer und unterer Körperhälfte ist zu spüren
- Angstgefühle und Phobien
- Zunehmende Desorientierung
- Abwehrreaktion verstärkt, Flucht vor sich selbst
- Kampf-/Flucht-Reaktionen bei neuen Anforderungen
- Veränderungen verunsichern
- Stimmungsschwankungen
- Übersensibilität, Dünnhäutigkeit
- Überreizung und Hyperaktivität
- Unfähigkeit, gesunde Beziehungen aufzubauen, eher Orientierung an anderen
- Verminderte Lernfähigkeit
- Entscheidungsfähigkeit eingeschränkt
- Erweiterte Pupillen
- Sehfähigkeit vermindert, Blendeffekt
- Auditive Hypersensibilität, Verzögerung in der Hörverarbeitung
- Langsames Abschreiben von der Tafel
- Schnelles Ermüden beim Lesen
- Einseitiges Abdecken der Arbeit oder tiefes Vorbeugen des Kopfes über die Arbeit
- Koordination beim Ballspiel schwierig
- Routine, Planbarkeit, Struktur sind wichtig
- Konzentrationsunfähigkeit
- Allgemeine Stimulusgebundenheit, keine Möglichkeit der Selektion, sofort ablenkbar
- Niedriges Selbstwertgefühl
- Dauerhafter und unbewusster innerer erhöhter Erregungszustand
- Möglichkeiten der Kontrolle oder Manipulation sind nötig
- Fester Muskeltonus
- Häufige Infektionen, Immunschwäche
- Asthma, Allergien
- Klassische Kandidaten für ADS oder ADHS

Such-, Saug- und Schluckreflexe

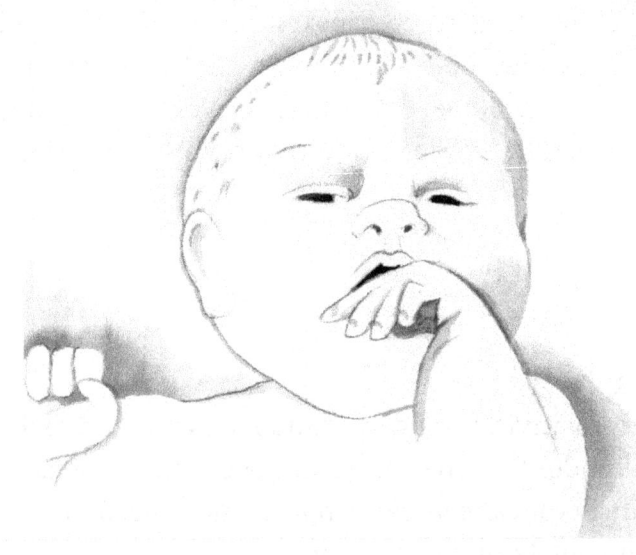

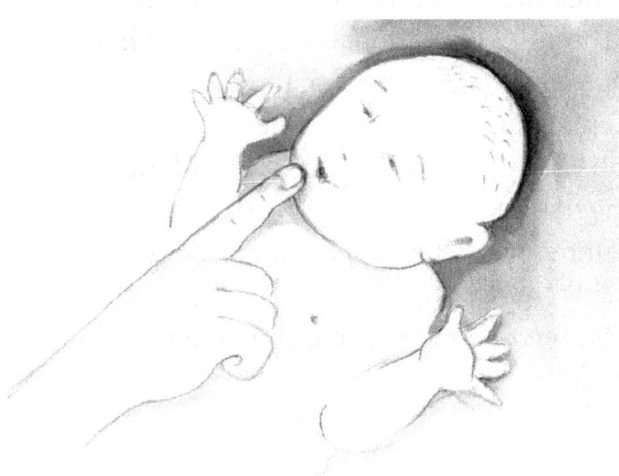

Entstehung:
28. Woche intrauterin

Dauer:
Schluckreflex bleibt ein Leben
lang aktiv
Suchreflex 3.-6. Lebensmonat,
ab 6. Monat pathologisch
Saugreflex 3.-6. Lebensmonat,
ab 6. Monat pathologisch

Integration:
Geht über in bewusstes Saugen
und Kauen

Auslöser:
Aktivierung der Mundpartie mit
Pinsel oder Finger bewirkt unterschiedliche Reaktionen der Muskulatur im Mundbereich.

Erläuterungen:

Die Reflexmuster entwickeln sich bereits intrauterin und unterstützen kraniale Bewegungen. Sie lehren das Saugen und Schlucken, regen Muskelkraft in Nacken und Mund an, bereiten Sprache vor und unterstützen die Verdauung. Sie helfen bei der Entwicklung manueller Geschicklichkeit. Die Reflexe tauchen in Verbindung mit dem **Babkinreflex** auf. Es sind Überlebensreflexe. Sie werden vom **Pawlow-Orientierungsreflex** abgelöst.

Bei nicht voll integriertem Reflex können folgende Auffälligkeiten auftreten:	▸ Hypersensitivität um den Mundbereich ist möglich. ▸ Anhaltender Speichelfluss kann beobachtet werden. ▸ Unreife Schluckbewegungen mit einer falschen Zungenlage können auftreten. ▸ Die Zunge hängt beim Schreiben aus dem Mund. ▸ Sprech- und Artikulationsprobleme sind hörbar. ▸ Das Daumenlutschen hört spät auf. ▸ Zahnfehlstellungen sind zu sehen. ▸ Ein gotischer Gaumen verstärkt Zahnfehlstellungen. ▸ Mangelnde manuelle Geschicklichkeit ist beobachtbar. ▸ Kopfschmerzen und Rückenschmerzen treten später auf.

Abstützreflex, Parachute Reflex, 4.11 Sprungbereitschaftsreflex

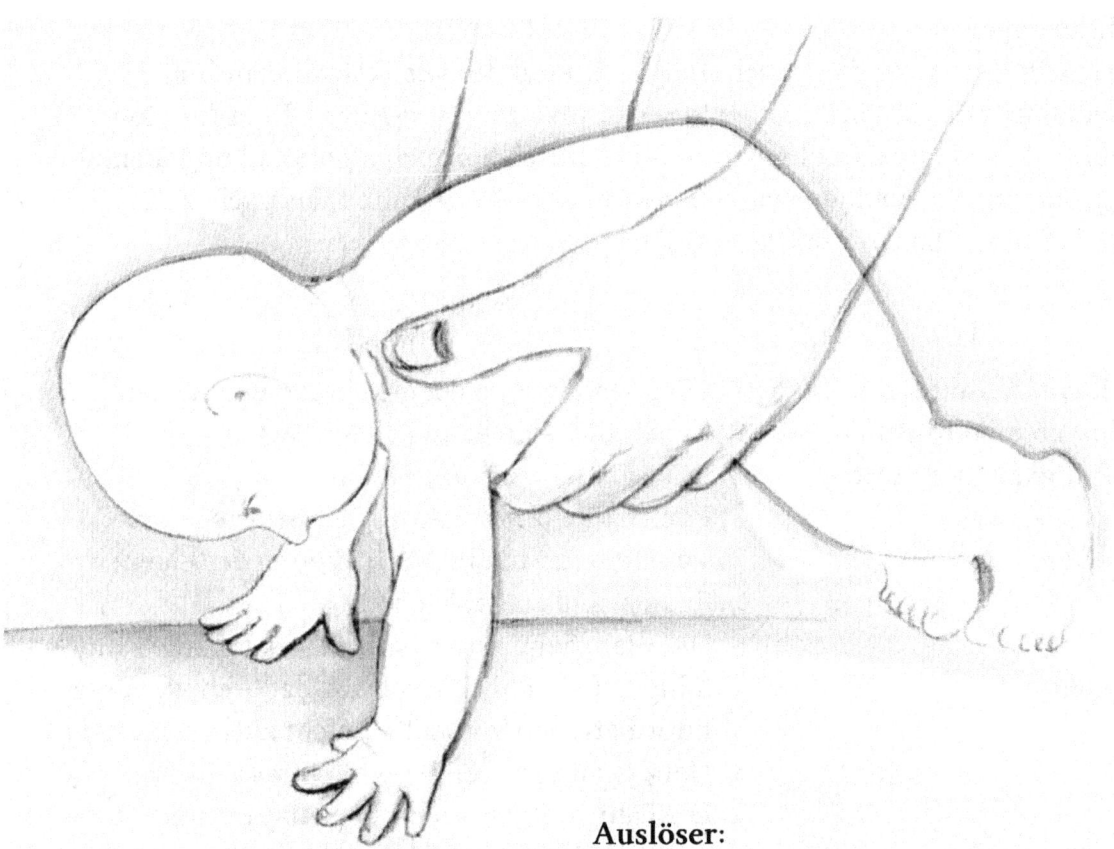

Entstehung:
28. Woche intrauterin
Dauer:
Aktiv vom 1.–6. Monat
Integration:
Ins Ganzkörpersystem bis zum 6. Monat
Die Sprungbereitschaft gehört zu den
Geichgewichtsreaktionen und bleibt
während des ganzen Lebens bestehen.

Auslöser:
Dieser Reflex wird bei einem jungen
Säugling aktiviert, wenn ein Erwachsener das Baby hochhebt und in der horizontalen Lage mit dem Gesicht nach
unten hält. Der Säugling streckt automatisch seine Arme **wie** zum Abstützen aus.
Nach dem sechsten Monat erfolgt die Ge-
wichtsübernahme auf die Arme.
Der Reflex wird den Haltungsreflexen
zugeordnet, weil es den Körper darauf
vorbereitet, einem Hindernis durch Stel-
lungsänderung auszuweichen.

Erläuterungen:

Später tritt der Reflex dann auch im Kontakt mit der vertikalen Ebene auf.
Er beeinflusst das dreidimensionale Sehen und die Hand-Augen-Koordination.
Er bereitet das Baby darauf vor, sowohl physisch als auch emotional und mental
mit größeren Widerständen zurechtzukommen. (Was kommt auf mich zu?)
Das Kind lernt, die Grenzen seines eigenen Raumes festzusetzen.

Bei nicht voll integriertem Reflex können folgende Auffälligkeiten auftreten:

▸ Ein instabiles Gleichgewicht kann auftreten.

▸ Kind stützt sich beim Fallen nicht ab.

▸ Es besteht Verletzungsgefahr.

▸ Rückzug in die Isolation, Bedürfnis nach viel sicherem Raum und Verteidigung des eigenen Raums sind zu beobachten.

▸ Die Wahrnehmung des Umfeldes und die Kontaktfähigkeit sind beeinträchtigt, dadurch werden Informationen von außen nicht aufgenommen.

▸ Herausforderungen bereiten Stress.

▸ Die Fähigkeit zur seelischen Abgrenzung ist eingeschränkt.

Klimmzugreflex

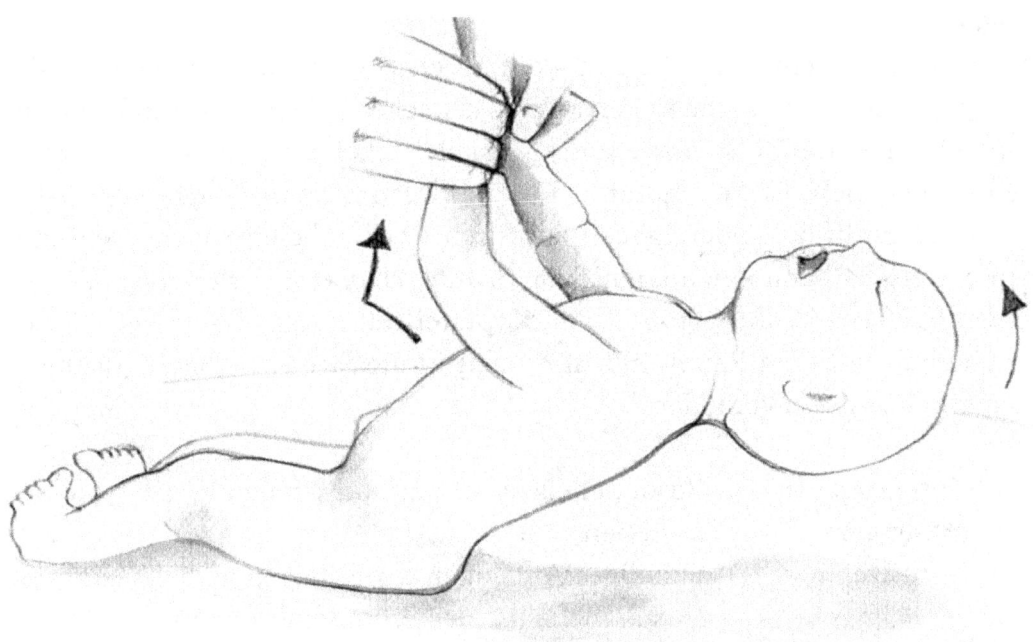

Entstehung:
28. Woche intrauterin
Dauer:
Von Geburt bis zum 2. Monat
Integration:
Ins Handbewegungsmuster (Greifreflex) ab dem 2. Monat

Auslöser:
Ellbogen und Arme werden automatisch gebeugt, um den ganzen Körper
anzuheben, indem das Baby sich in die Aufrechte zieht.

Erläuterungen:

Das Reflexmuster hilft dem Kind, die Fähigkeit zu entwickeln, später Dinge in der Hand zu halten, sie zu nehmen und in den Mund zu stecken. Die Hand-Mund-Koordination wird geübt. Der Reflex unterstützt die Muskeltätigkeit von Hand und Fingern. Dadurch entwickelt sich die Feinmotorik. Das Baby kann dann Dinge wegwerfen oder von einer Hand in die andere geben. Dadurch werden beide Hirnhälften aktiviert und integriert. Es kann einen kognitiven Schub geben. Das Reflexmuster fließt mit in den **Greifreflex** ein und aktiviert den **Kopfstellreflex**. Das Baby bewegt sich vom niederen zum mittleren Raum, indem es sich in die Streckung zieht. Dadurch wird das Raumbewusstsein verändert.

Bei nicht voll integriertem Reflex können folgende Auffälligkeiten auftreten:	▶ Besondere Muskelspannung in den Händen bleibt bestehen.
	▶ Ständiges Anbeugen der Ellbogen ist beobachtbar.
	▶ Das Beibehalten der Schreibhaltung erfordert besonderen Kraftaufwand.
	▶ Schnelles Ermüden bei allen manuellen Tätigkeiten.
	▶ Durch Anspannung in den Armen können Rechtschreibprobleme auftreten.
	▶ Das Reflexmuster kann ein Grund für ADHS oder ADS sein.

Gekreuzter Streckreflex

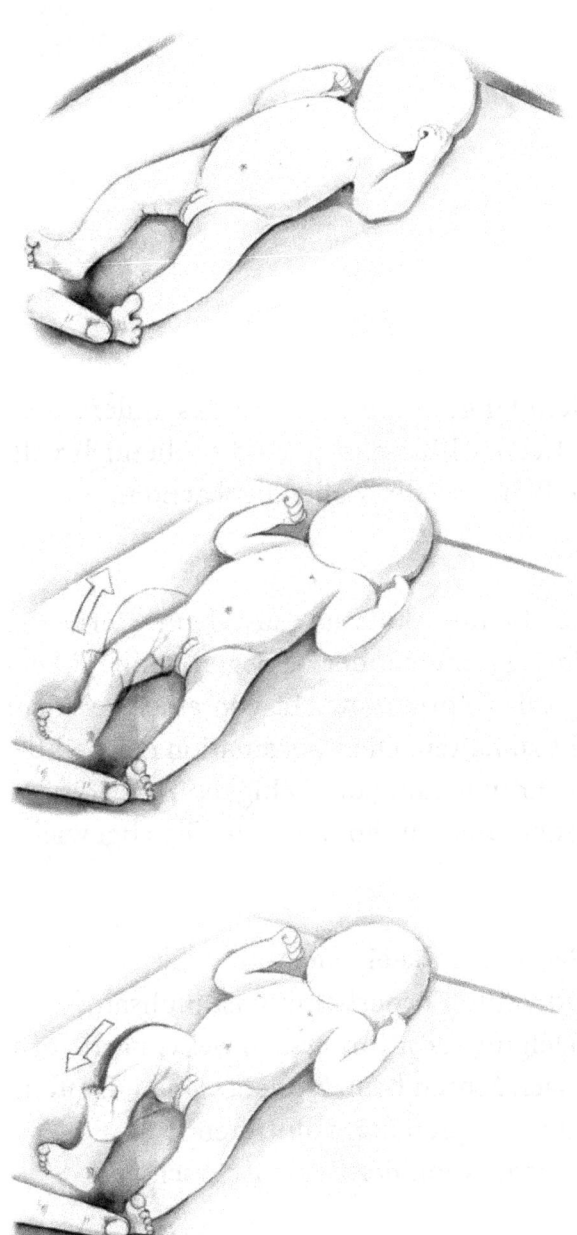

Entstehung:
28. Woche intrauterin
Dauer:
Intrauterin bis Mitte des 2. Lebensmonats
Integration:
Zwischen dem 1. und 2. Lebensmonat

Auslöser:
Wenn man die Mitte des Babyfußes mit dem Finger berührt, wird das andere Bein zunächst vom Körper weg und dann zum Körper hin gebeugt und schließlich vollständig gestreckt. Man kann außerdem die Beugung der Zehen beobachten.

Erläuterungen:
Der Reflex beeinflusst die Koordination der Beinmuskulatur. Das Gehirn lernt das Konzept von zwei Beinen, die sich unabhängig voneinander bewegen können. Hier wird die Grundlage für die Fähigkeit gelegt, das Körpergewicht von einer Seite zur anderen zu verlagern, um das Gleichgewicht zu halten. Die Koordination der Beinbewegungen wird geschult. Sie unterstützt die Entwicklung der Fähigkeit zum Hüpfen, Springen, Gleichgewichtverlagern beim Gehen und Laufen und zum Gleichgewichthalten beim Stehen auf einem Bein.

Bei nicht voll integriertem Reflex können folgende Auffälligkeiten auftreten:	▶ Ein Gefühl für die eigene Mitte fehlt.
	▶ Die aufrechte Körperhaltung ist mühsam.
	▶ Eine Neigung des Körpers zur Seite, nach vorne oder nach hinten beim Stehen, Gehen, Laufen, Springen, Hüpfen kann auftreten.
	▶ Die Koordination der Beine ist erschwert.

Bauer-Kriechreflex (Krabbelreflex)

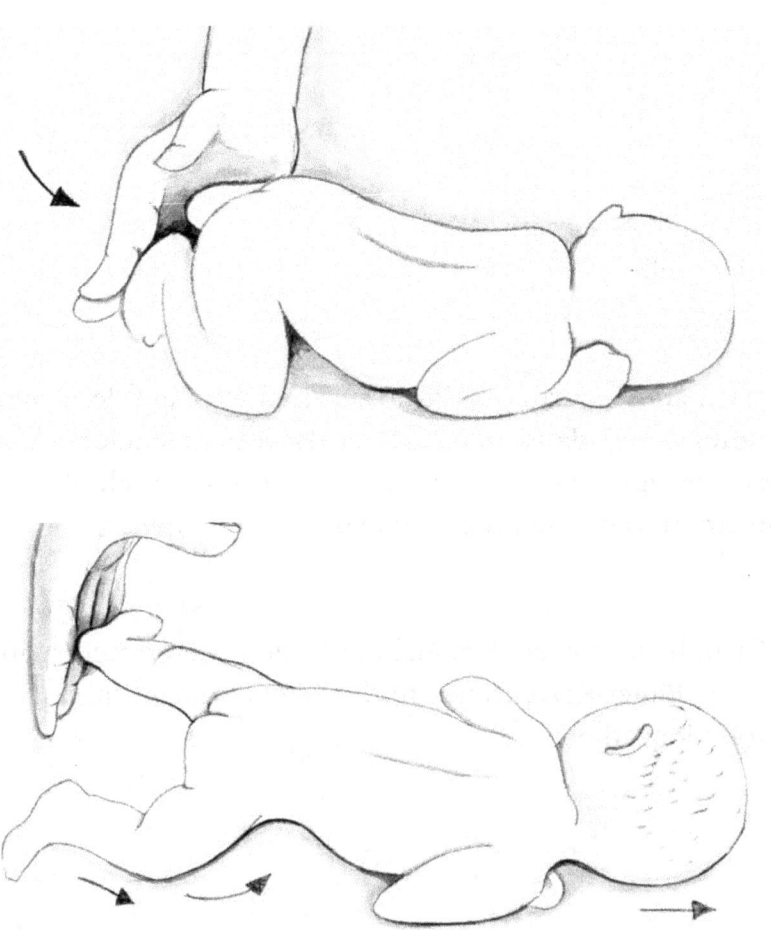

Entstehung:
Voll ausgereift in der 28. Woche intrauterin
Dauer:
Von Geburt bis 3. Monat
Integration:
Ins Ganzkörpersystem bis Ende 4. Monat.
Geht über in den Amphibienreflex

Auslöser:
Der Reflex wird gleich nach der Geburt ausgelöst. Das Kind wird auf den Bauch der Mutter gelegt. Der Säugling kann dann den Kopf einen Moment hochheben und spontan krabbeln. Diese Bewegungen werden aktiver und die Hände des Kindes bewegen sich mit, wenn ein Erwachsener die Hände unter die Füße legt.

Erläuterungen:
Der Reflex schafft die Grundlage für das Krabbeln auf allen Vieren und später für das Laufen. Ein integrierter Bauer-Kriechreflex fördert das Raumgefühl. Er ist Voraussetzung für den **Amphibienreflex**.

Phasen der Verankerung:

Während des Geburtsprozesses wird der Reflex bereits ausgelöst.
In dem Moment nach der Geburt, wenn das Baby auf den Bauch der Mutter gelegt wird, versucht es, krabbelnd ihre Brust zu erreichen.

Im zweiten Monat ist der Reflex klar zu sehen, wenn man die Fußsohlen berührt.
Im 4. Monat integriert der Reflex in die Ganzkörperkoordination auf Rumpfebene. Das Baby lernt, einander entgegengesetzte Körperbewegungen auszuführen.

Vom 8. bis 12. Monat trainiert das Krabbeln den Umgang mit Schwerkraft, Erdung, Stabilität und Zentrierung und aktiviert die neuen Möglichkeiten für die motorischen und intellektuellen Entwicklungen im Gehirn.

Der Bauer-Kriechreflex mit seinen Bewegungsmustern arbeitet sowohl auf der horizontalen als auch auf der vertikalen Ebene.

Bei nicht voll integriertem Reflex können folgende Auffälligkeiten auftreten:

- ▸ Homolaterale und bilaterale (homologe) Bewegungsmuster können vorherrschend sein.
- ▸ Die Aktivierung des Schreitreflexes sowie des ATNR und STNR kann verzögert werden.
- ▸ Das Arbeitstempo ist verlangsamt.
- ▸ Die Kreativität des Denkens kann eingeschränkt sein.
- ▸ Die Integration von Denken und Bewegung ist verlangsamt.
- ▸ Erkenntnisprozesse sind eingeschränkt.

Schreitreflex nach Thomas

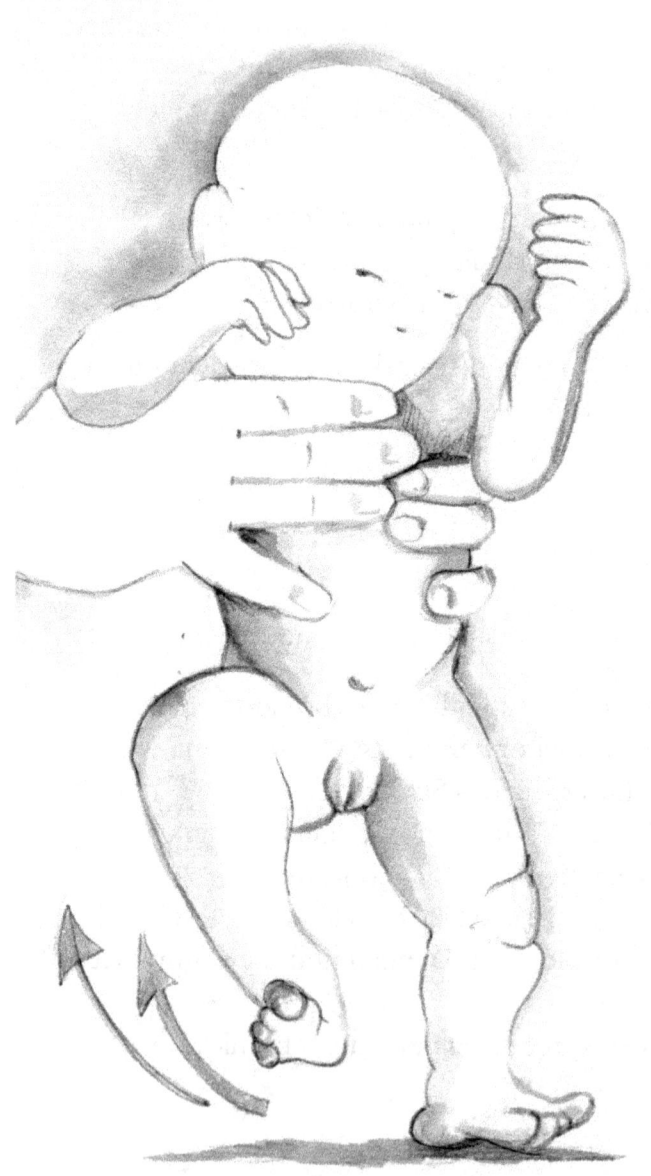

Entstehung:
Reift bis zur 37. Woche
intrauterin heran
Dauer:
Aktiv von 1. Woche nach
der Geburt bis zum 2. Monat
Integration:
Ins Ganzkörpersystem bis
zum 2. Monat

Auslöser:

Das Baby wird von hinten mit beiden Händen unter den Achselhöhlen aufrecht gehalten, der Oberkörper wird dabei leicht nach vorne geneigt. Kommt eine Fußsohle mit der Unterlage in Berührung, wird im Wechsel spontan ein Bein gebeugt und das andere gestreckt. Dadurch entsteht der Eindruck des Schreitens. Der Kopf wird gehoben, die Hände sind nicht beteiligt.

Erläuterungen:

Der Reflex begünstigt die drei Schrittmechanismen. Die Bewegungskoordination wird dahingehend beeinflusst, dass sich eine einseitige (homolaterale), eine beidseitige, oben oder unten getrennt ablaufende (bilaterale/homologe) oder eine integrierte (contralaterale) Bewegung etablieren kann. Das Raum-Lage-Verständnis, die Orientierung im Raum und das perspektivische Sehen werden angeregt. Der Schreitreflex bereitet den **Abwehrreflex** vor. Wenn man in Steißlage geboren wurde, ist dieser Reflex nicht vorhanden.

Bei nicht voll integriertem Reflex können folgende Auffälligkeiten auftreten:

▸ Beim Lernen wird in erster Linie das Logikgehirn genutzt, dadurch sind komplexe Denkleistungen kaum möglich.

▸ Die Integration von Denken und Bewegung ist nicht automatisiert.

▸ Wechsel von einer Aktivität zur nächsten sind schwierig.

▸ Ein vermindertes Arbeitstempo ergibt sich daraus.

▸ Die punktuelle Konzentration ist erschwert.

▸ Eine Erweiterung des Sehfeldes ist schwierig.

▸ Scheuklappendenken und -verhalten können sich entwickeln.

▸ Der Spracherwerb ist verzögert.

▸ Die Bewegungsbereitschaft ist eingeschränkt.

▸ Das Seitwärts- oder Rückwärtsgehen ist unsicher und mühsam.

▸ Schwierigkeiten beim Rechnen treten auf.

Spinaler Perez-Reflex

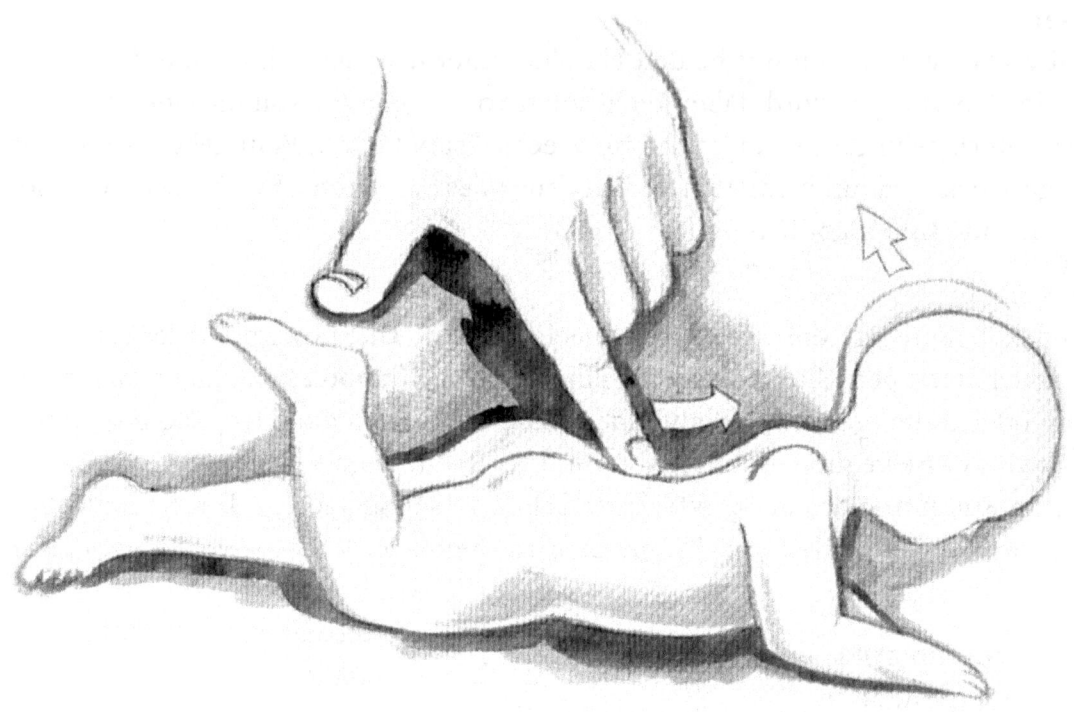

Entstehung:
Während der Geburt
Dauer:
Von Geburt bis 2./3. Monat
Integration:
3.-6. Monat, der Reflex kann aber bis zum zweiten Lebensjahr bestehen bleiben.

Auslöser:
Das Baby liegt auf dem Bauch: Streichen der Wirbelsäule vom Kreuzbein nach oben.
Die Reaktion ist eine Rückwärtsbeugung des Körpers, Heben des Kopfes und Über-
streckung des Körpers, manchmal begleitet von Schreien.

Erläuterungen:
Der Reflex integriert später in den **Sehnenschutzreflex** und den **STNR**. Die Bewegungen des Perez leiten von der Mutter übernommene Toxine aus dem Gehirn aus. Ein integrierter Perez vermittelt ein Gefühl für positiven Schutz und ist die Grundlage für die Ganzkörperkoordination.

Bei nicht voll integriertem Reflex können folgende Auffälligkeiten auftreten:	▸ Hypotonie der Muskulatur, verminderte körperliche Leistungsfähigkeit, strukturelle Schwäche treten auf.
	▸ Das Kurz- und Langzeitgedächtnis sind nicht gut entwickelt.
	▸ Verlangsamte Denkprozesse und die verminderte Erfassung kausaler Zusammenhänge schränken das Lernen ein.
	▸ Die Wiedergabe bereits bekannter Informationen ist erschwert.
	▸ Die Organisationsfähigkeit ist beeinträchtigt.
	▸ Ängste und Phobien sowie emotionale Labilität können auftreten.
	▸ Hyperaktivität bis hin zu ADS und ADHS sind möglich.
	▸ Bettnässen und mangelnde Kontrolle des Wasserlassens treten häufig auf.

Bonding / Reflex der Bindung

Berührung ist die Wurzel.
Berührt, gestreichelt und
massiert zu werden, das ist
Nahrung für das Kind.
Nahrung, die genauso
wichtig ist wie Mineralien,
Vitamine und Proteine.
Nahrung, die Liebe ist.

F. Leboyer

Entstehung:
45 - 60 Minuten nach der Geburt.
Abhängig von der Zuwendung
der Mutter kann das Bonding
sich bis zum 10. Monat noch
entwickeln.

Dauer:
Lebenslang

Integration:
Notwendig, um andere Beziehungen eingehen zu können.
Wichtig, um bedingungslose
Liebe zu geben und zu nehmen.

Auslöser:
Der Bondingreflex entsteht in den ersten 45 Minuten nach der Geburt, wenn das Baby auf dem Bauch der Mutter liegt.

Erläuterungen:
Bonding unterstützt das Gefühl des Vertrauens und der Sicherheit sowohl physisch als auch emotional, sorgt für ein Grundvertrauen und legt auf der körperlichen Ebene das Gefühl für die Körpermitte an. Es hat einen wesentlichen Einfluss auf die zukünftige physische und emotionale Sicherheit und das Urvertrauen. Die Welt ist in Ordnung! Es muss auf der physischen Ebene gleich nach der Geburt verankert werden. So wird kinesthetisch das Gefühl für den Mittelpunkt des Körpers angeregt.

Das Baby sollte die Mutter und ihr Lächeln sehen, ihre Stimme hören und an ihre Brust gelegt werden. Die Nabelschnur sollte erst dann getrennt werden, wenn das Pulsieren in ihr aufgehört hat. Diese Vorgehensweise verringert den Geburtsstress und reduziert den Adrenalinspiegel.

Während der Geburt wird sowohl bei der Mutter als auch beim Baby soviel Oxytozin ausgeschüttet, wie sehr wahrscheinlich nie wieder im Leben danach. Oxytozin ist ein Hormon, das im Hypothalamus produziert und im Hypophysenhinterlappen gespeichert wird. Von dort aus trägt es zur Stimulierung speziell glatter Muskulatur in den Brüsten bei, was den Milchtransfer zu den Milchgängen der Brüste bewirkt. Außerdem ist es am Zustandekommen des Milchejektionsreflexes beim Stillen beteiligt.

Es wird ebenfalls beim Orgasmus sowohl beim Mann als auch bei der Frau freigesetzt, was den Penis zur Ejakulation und die Vagina zur Kontraktion anregt. Man nimmt an, dass die Oxytozinausschüttung während eines Orgasmus auf das ZNS einwirkt, mit dem Ziel, eine sexuelle Sättigung zu erfahren.

Oxytozin wird auch die „Knuddelsubstanz" genannt, denn es trägt mit zu Gefühlen der emotionalen Bindung bei.

Oxytozin-Regulation während der Wehen

- ▶ Durch Kontraktion der Wehen gelangt der Kopf des Kindes in den Geburtskanal.
- ▶ Oxytozin erhöht die Ausdehnung des Gebärmutterhalses.
- ▶ Dehnungsrezeptoren im Gebärmutterhals lösen sensible Nervenimpulse zum Hypothalamus und Hypophysenhinterlappen aus.
- ▶ Die Oxytozinkonzentration im Blut erhöht sich.
- ▶ Es wirkt auf die glatte Muskulatur der Uteruswand ein.
- ▶ Durch Stimulation des Oxytozins treten Uteruskontraktionen auf.
- ▶ Das Baby wird weiter in den Geburtskanal gedrückt, und die Erweiterung des Uterus wird gesteigert.
- ▶ Nach der Geburt trägt es dazu bei, dass der Uterus wieder die vorgeburtliche Größe und Gestalt annimmt.[1]

1 Vgl. zur Rolle des Oxytozin:
Tobar, Hugo; McFarlane, Kerrie, Das Chakra-Hologramm
1. Unveröffentlichtes Skript. Kirchzarten 1998, S. 133

**Bei nicht voll
etabliertem Reflex
können folgende
Auffälligkeiten
auftreten:**

1

▸ Das Kind will nicht gerne alleine sein, lässt die Mutter nicht los, heischt nach Aufmerksamkeit, schämt sich und weint viel.

▸ Es hat kein Vertrauen in die eigenen Gefühle, hat Versagensängste und ist stark abhängig von sozialer Anerkennung.

▸ Es verneint sich selbst und seine Umwelt.

2

▸ Das Kind geht in die Zurückweisung der Welt und seiner selbst.

▸ Es neigt zu Aggressivität und Feindseligkeit, zeigt leicht provozierendes Verhalten, ist beleidigend, aber dann wieder unversöhnlich.

▸ Es ist nachtragend, kann nicht verzeihen und hat Schwierigkeiten mit Autoritäten.

▸ Es übernimmt Rollen im Sozialen, wie z. B. den Sündenbock, das verlorene Kind oder den Familienclown.

▸ Das Kind lernt, weil es Anerkennung braucht, aber nicht, weil es am Stoff interessiert ist.

Babinski-Reflex

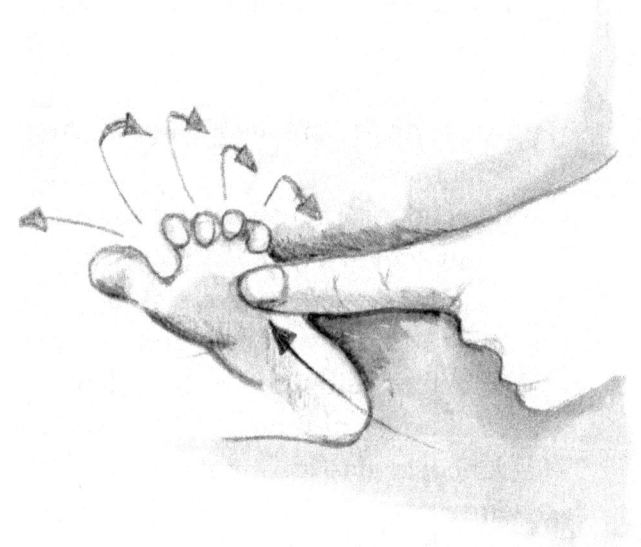

Entstehung:
1. Woche nach der Geburt
Dauer:
Aktiv von der 1. Woche bis
zum 2. Lebensjahr
Integration:
1.-2. Lebensjahr

Auslöser:
Die Zehen spreizen sich, wenn die äußere Fußkan-
te von der Ferse zu den Zehen gestrichen wird. Eine
Schutzbewegung wird ausgelöst, der Fuß bewegt sich
auf die Mittellinie zu, der große Zeh wird nach oben
gestreckt, die anderen Zehen nach unten abgespreizt.

Erläuterungen:

Der Reflex bereitet das Kind auf das Stehen vor. Er beeinflusst die Entwicklung des zentralen und peripheren Nervensystems. Er hilft, den Schritt vom homolateralen über das bilaterale (homologe) zum kreuzlateralen Bewegungsmuster zu entwickeln. Der Reflex ist an der Integration von Motorik und Denken beteiligt. Er fördert die natürliche Kontrolle der Bewegungsabläufe und unterstützt den **Kriechreflex nach Bauer**. Der Reflex hat Einfluss auf die Kreativität, den Umgang mit der Schwerkraft und die Entwicklung von Stabilität.

Bei nicht voll integriertem Reflex können folgende Auffälligkeiten auftreten:	▸ Gleichgewichtsprobleme treten auf.
	▸ Die Koordination der Grob- und Feinmotorik ist beeinträchtigt.
	▸ Die Sprachentwicklung kann verzögert sein.
	▸ Bei Erwachsenen ist das Gangmuster entweder auf der Innen- oder auf der Außenkante des Fußes zu beobachten.
	▸ Die großen Zehen durchlöchern die Socken.

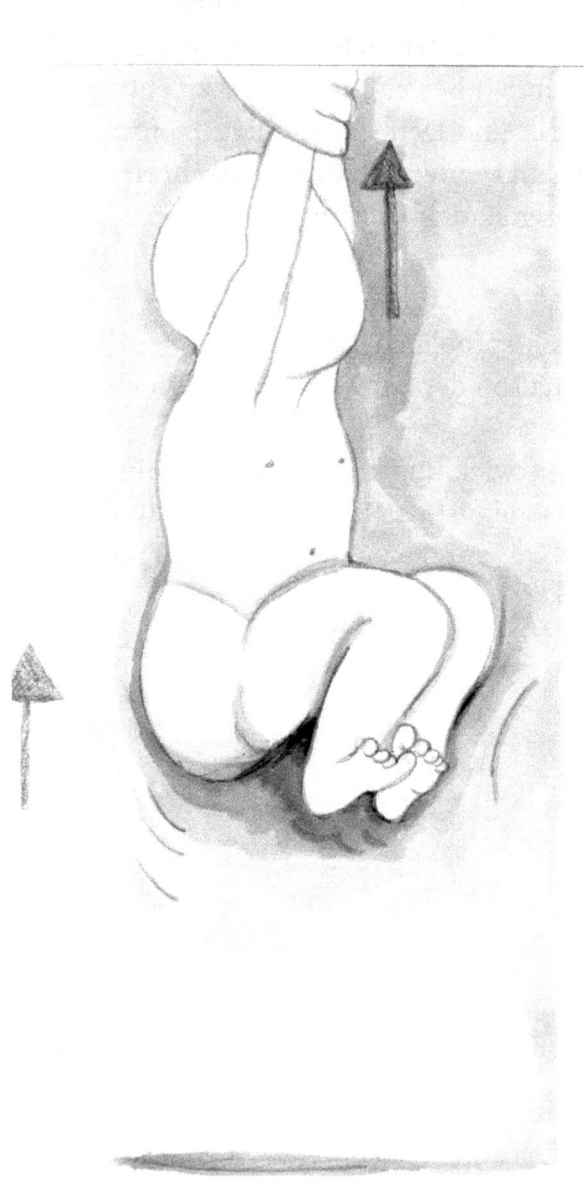

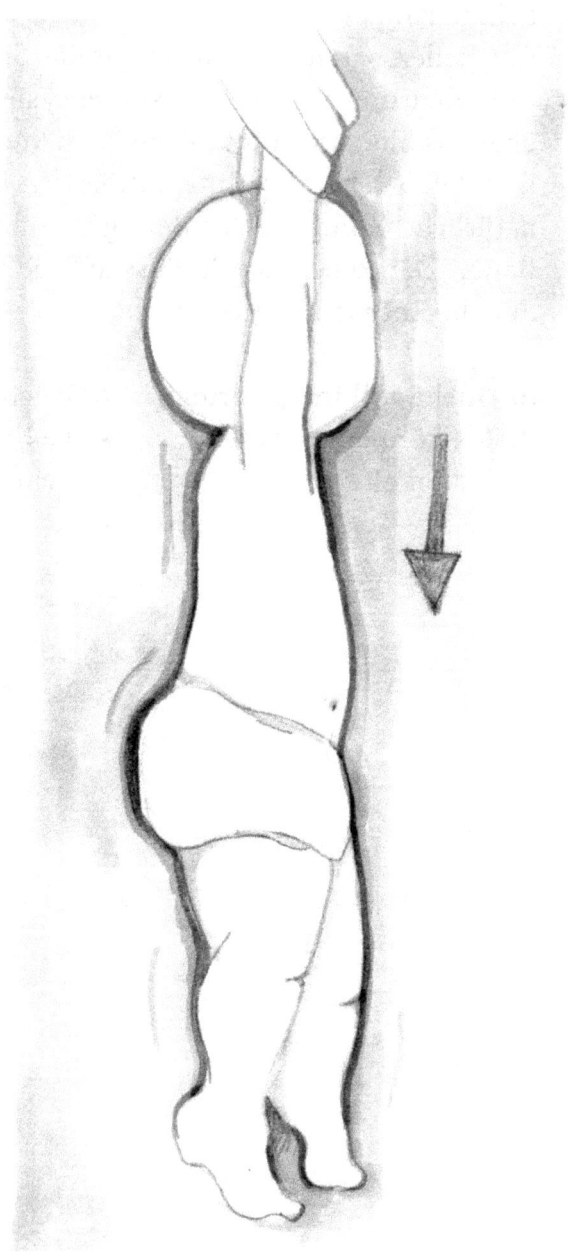

Entstehung:
Im 1. Monat nach der Geburt
Dauer:
1.–12. Lebensmonat
Integration:
Ins Ganzkörpersystem

Auslöser:
Wenn man das Baby an seinen beiden Unterarmen hochhebt, beugt es automatisch die Knie. Wenn man es wieder herunterlässt, werden die Beine zum Boden gestreckt. Auslöser für den Reflex ist die Veränderung der Schwerkraft, Raumlage und Bewegungsrichtung in der Luft.

Erläuterungen:
Der Reflex entwickelt die Fähigkeit zur Kontrolle der Position des Körpers im Raum. Später trägt er dazu bei, das Springen zu erlernen und die Kontrolle der Schwerkraft zu erlangen. Im Wasser kann man das Reflexmuster in Zeitlupe beobachten, wenn man gegen Wellen schwimmt. Auch beim Trampolinspringen kann man es sehen. Bewusste Steuerung der Bewegungen ist nur durch aktives Üben erreichbar. Gehfreis für Babys sind nicht hilfreich, weil das Baby passiv bleibt.

Das Reflexmuster unterstützt die Entwicklung der Muskeln von Händen, Beinen und Rücken ebenso wie die Koordination von unteren und oberen Gliedmaßen. Es bewirkt angemessene Reaktionen zur Lageveränderung des Körpers im Raum. Ein gut ausgereiftes zentrales Nervensystem hilft, die zentrale Linie des Körpers zu fühlen und die Verteilung des Körpergewichts zu spüren. Beim Springen in spielerischer Form wird das Reflexmuster trainiert. Es bleibt auch bei älteren Kindern und Erwachsenen aktiv, um Richtungsänderungen in der Höhe zu verarbeiten. Diesen Reflex kann man im Rahmen der zukünftigen Entwicklung metaphorisch beschreiben: als Basis für die Fähigkeiten zu träumen (fliegen) und realistisch zu sein (landen).

Bei nicht voll integriertem Reflex können folgende Auffälligkeiten auftreten:

- Mangelnde Koordination der Körperbewegungen und falsche Gewichtsverteilung können zu Unsicherheit und Schwindelgefühlen führen.
- Das Reaktionsvermögen auf Raum-Lage-Veränderungen ist verzögert.
- Man landet auf dem falschen Bein und fällt.
- Veränderungen der Schwerkraft können zu Angst und Unruhe führen, z. B. zu Höhenangst.
- Chaotische Bewegungsreaktionen können zu gefährlichen Situationen führen.
- Organisation, Konzentration und schnelles Denken können beeinträchtigt sein.

Aufrichtungsreflex

Entstehung:
Ende des 1. Lebensmonats
Dauer:
2.-7. Monat
Integration:
7.-9. Monat

Auslöser:
Wenn das Kind unter den Armen gehalten wird und die Füße auf eine Oberfläche treffen, streckt das Kind den ganzen Körper und hebt den Kopf.

Erläuterungen:

Der Reflex entwickelt die Bewegungskoordination des ganzen Körpers, trainiert den Körper darauf, sich zu strecken und stimuliert die Eigenwahrnehmung. Dieser Reflex hilft, die Körperhaltung und die Körperbewegung zu kontrollieren. Akkurate Wahrnehmung, Organisation der Aufmerksamkeit und Denkprozesse werden angeregt. Er bereitet das Kind auf das Stehen und Gehen vor und aktiviert die Zirkulation der Gehirnflüssigkeit. Damit wird die Entwicklung des Nervensystems angeregt.

Der Reflex wird später Teil des **Sehnenschutzreflexes**, der dann die Organisation der Körperhaltung von vorne und hinten übernimmt. Weiter hat er Einfluss auf verschiedene kognitive Fähigkeiten, wie z. B. die Konzentration auf Details. Dadurch dass der Körper nach hinten gelehnt werden kann, erweitert sich der visuelle Horizont und das periphere Sehen wird trainiert. Dieser Reflex wird gebraucht, um später bei Kindern und Erwachsenen Neugier in neuen Situationen auszulösen (s. **Pawlow-Orientierung**).

Ein ausgereifter Reflex ist integriert in eine dynamische Bewegung, so dass die Fähigkeit kontrolliert werden kann, zwischen dem Detail und dem Gesamteindruck hin und her zu gehen, eine Situation kritisch sehen, analysieren und verstehen zu können.

Bei nicht voll integriertem Reflex können folgende Auffälligkeiten auftreten:	▶ Ein schlaffer Muskeltonus herrscht vor.
	▶ Beim Sitzen sackt der Körper immer wieder zusammen.
	▶ Eine aufrechte Körperhaltung ist mühsam.
	▶ Ein vorwärts geneigter Gang kann Überfokussierung auf Details bewirken.
	▶ Das Verständnis für Zusammenhänge fehlt.
	▶ Falsche Schlüsse werden gezogen.

Landau-Reflex

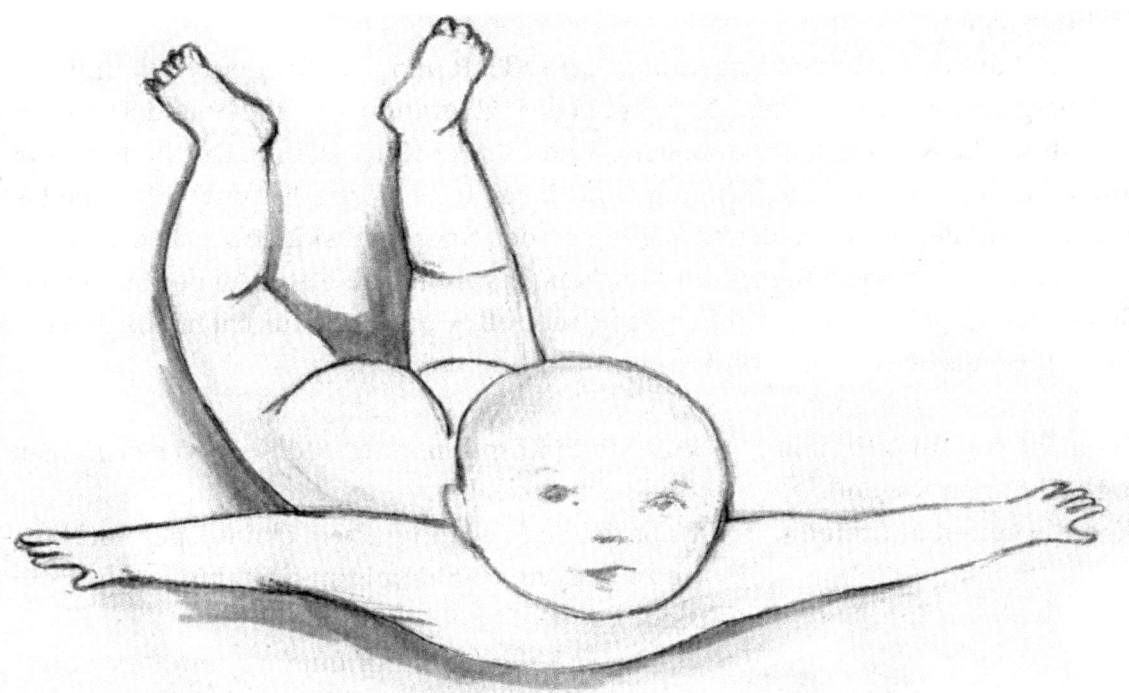

Entstehung:
2.–4. Monat nach der Geburt oberer Landau, 5.–6. Monat unterer Landau

Dauer:
Bis zum 2. Lebensjahr

Integration:
Ins Ganzkörpersystem bis zum 3. Lebensjahr

Auslöser:
Der Reflex besteht aus zwei Teilen, dem oberen und dem unteren Landau. Das Baby wird in Bauchlage unter dem Bauch gehalten und hochgehoben. Dabei hebt das Baby Kopf, Oberkörper, Arme und Beine an. Es lacht und jauchzt. Dieser Reflex ist Ausdruck von Freude und Glück.

Erläuterungen:

Er basiert auf dem **Aufrichtungsreflex**, dem **STNR** und dem **Straussreflex** und wird als Übergangsreflex angesehen. Er hilft bei der Integration von **ATNR** und **STNR** und beeinflusst die Koordination von oberer und unterer Körperhälfte. Der Reflex unterstützt das dreidimensionale Sehen und das beidohrige Hören. Er unterstützt die Differenzierung der Wirbelsäulenbewegungen, der Nackenmuskulatur und der Streckmuskulatur von Armen, Beinen und Rücken. Er bereitet das Baby auf das Stehen und Gehen vor. Er geht über in den **Sehnenschutzreflex** und ist dafür da, höchst positive Emotionen auszudrücken.

Bei nicht voll integriertem Reflex können folgende Auffälligkeiten auftreten:	▸ Eine steife Körperhaltung und Körperbewegungen sind vorherrschend.
	▸ Es bestehen Schwierigkeiten, den Körper nach vorne zu beugen, da die Knie ständig durchgedrückt sind.
	▸ Da dieser Reflex die Koordination der oberen und unteren Körperhälfte reguliert und unterstützt, kann das Kind das Brustschwimmen nur schwer lernen.
	▸ In der Wahrnehmung ist der Wechsel vom Detail zum Gesamtkontext und umgekehrt erschwert.
	▸ Neue Informationen können nicht gut verarbeitet werden.

Kopfstellreflexe

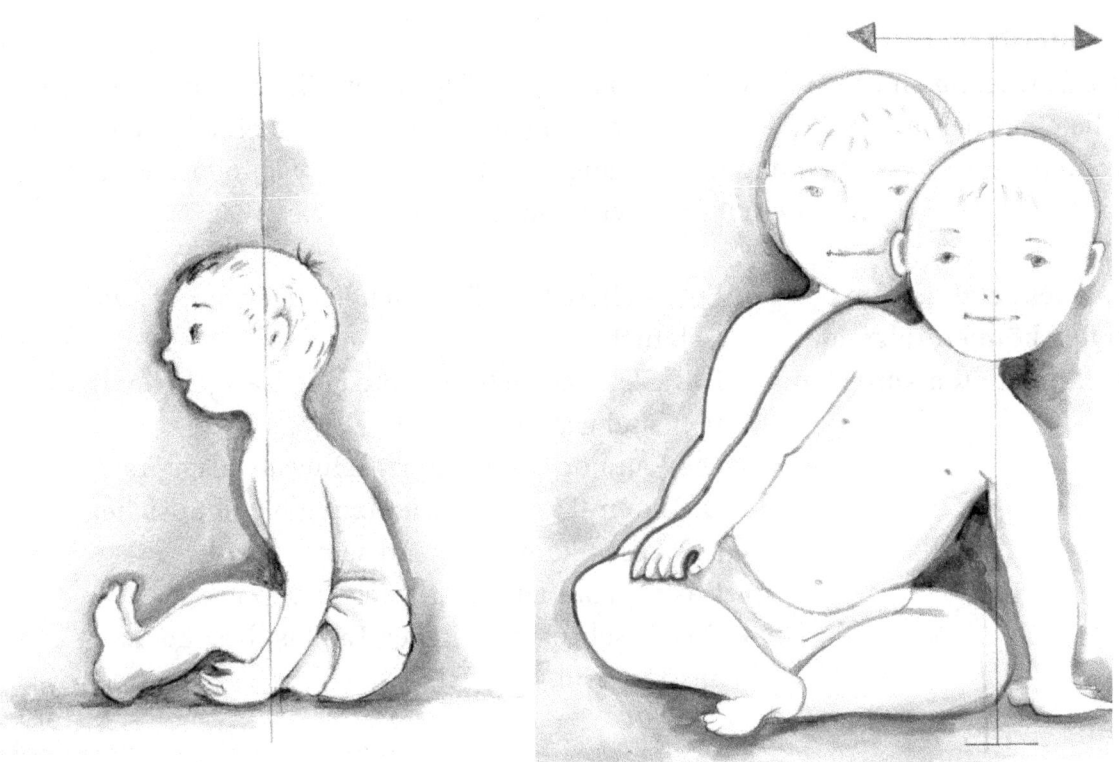

Entstehung:
3.–12. Lebensmonat
Dauer:
Vom 3. Monat bis zum Lebensende
Integration:
Ins Ganzkörpersystem

Auslöser:
Das Kind sitzt auf dem Boden im Schneidersitz, fixiert einen Punkt in Augenhöhe und beugt sich zur Seite, nach vorne oder nach hinten. Der Kopf gleicht die Bewegung aus, so dass die Augen in der Horizontalen bleiben.

Erläuterungen:

Das Bewegungsmuster bildet die Grundlage für Gleichgewicht, Orientierung, räumliche Wahrnehmung und Stärkung der Augenmuskulatur. Dabei soll sichergestellt werden, dass die Kopfhaltung unabhängig von der Körperbewegung in der mittleren Position bleibt und damit ein stabiles visuelles Feld gewährleistet ist.

Bei nicht etabliertem Reflex können folgende Auffälligkeiten auftreten:

- ▶ Eine sichere Stabilität im Gleichgewicht entwickelt sich nicht.
- ▶ Das Gleichgewicht und die Hand-Augen-Koordination sind gestört.
- ▶ Die Raumorientierung ist schwach ausgeprägt.
- ▶ Die Raum-Lage-Wahrnehmung bleibt unsicher.
- ▶ Das Lesen kann stockend sein.
- ▶ Das Fahrradfahren ist wackelig.
- ▶ Das Abschreiben von der Tafel ist besonders anstrengend.

Amphibienreflex

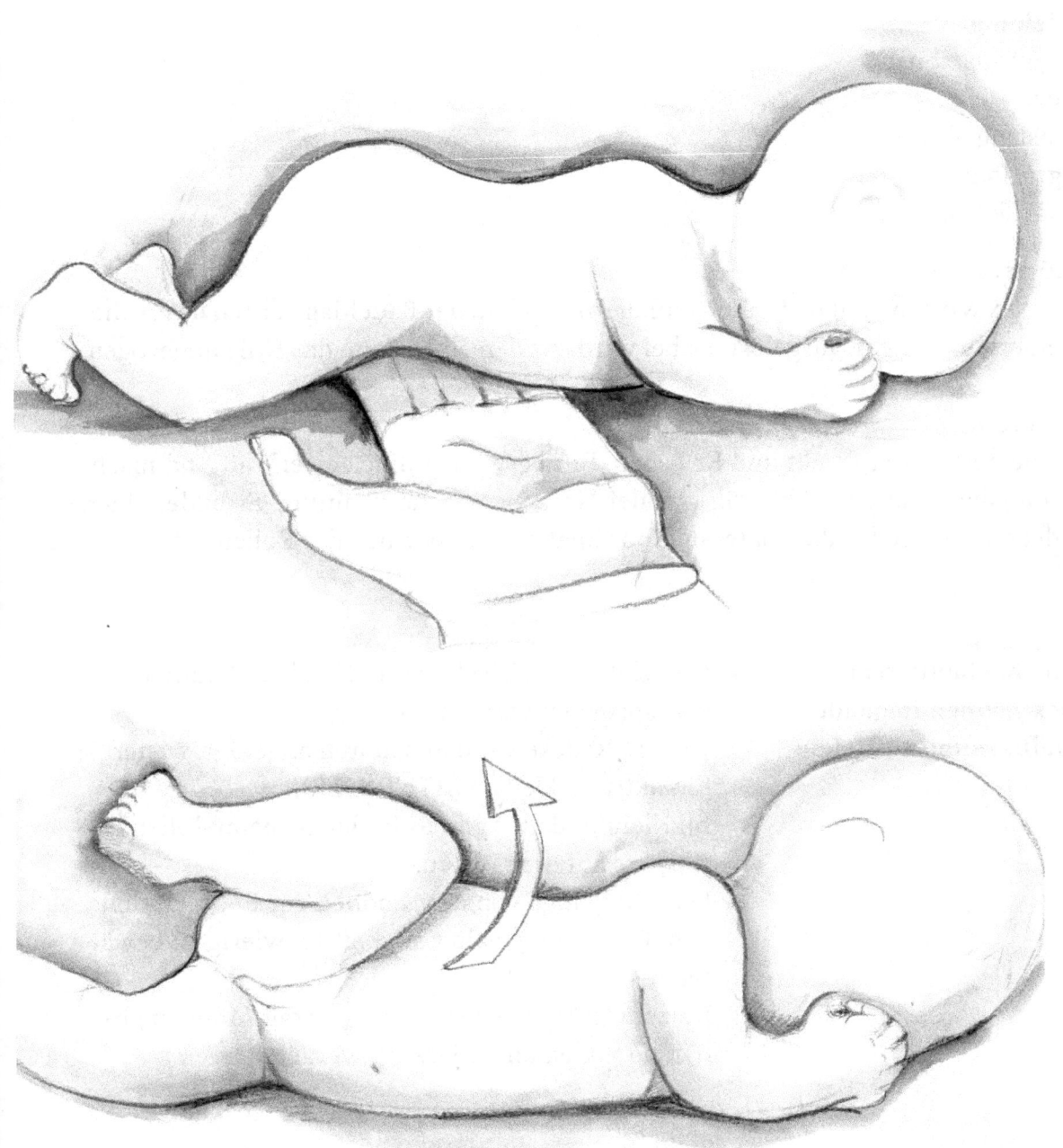

Entstehung:
4.–6. Lebensmonat
Dauer:
Lebenslang aktiv
Integration:
Ins Ganzkörpersystem

Auslöser:
Der Reflex wird sowohl in der Rückenlage als auch in der Bauchlage durch das Anheben einer Beckenseite ausgelöst. Dabei wird auf derselben Seite das Knie angezogen.

Erläuterungen:
Er erleichtert das Krabbeln und Kriechen. Er überwindet die Schwerkraft und macht die Rumpfbewegung unabhängig von der Nacken- und Kopfhaltung. Er bildet einen Teil der Grundlage für die bilaterale Koordination und bewirkt das Rollen.

Bei nicht etabliertem Reflex können folgende Auffälligkeiten auftreten:	▶ Kreuzlaterales Kriechen und Krabbeln können übersprungen worden sein.
	▶ Andere Reflexe werden dadurch angeregt, weiterhin aktiv zu bleiben (ATNR, TLR).
	▶ Im Kleinkindalter gibt es Probleme beim Rollen des Körpers auf dem Boden.
	▶ Die Übergänge von der Kindheit zur Pubertät und zum Erwachsenenalter sind oft schwierig zu bewältigen.
	▶ Einzelne Körperteile können nur mit Mühe unabhängig voneinander bewegt werden.

Pawlow-Orientierungsreflex 4.24

Entstehung:
4.–6. Lebensmonat
Dauer:
Lebenslang aktiv
Integration:
Ein Interesse für die Welt muss immer
wieder neu entfacht werden.
Auslöser:
Ein neuer Sinnesreiz erregt die Aufmerksamkeit:
Oh, interessant!!!

Erläuterungen:
Der Antagonist des Orientierungsreflexes ist der **Sehnenschutzreflex**: Oh, bloß nicht!!! Der Sehnenschutzreflex muss gelöst sein, damit der Orientierungsreflex überhaupt zum Einsatz kommen kann. Der Orientierungsreflex bildet sich auf der Grundlage der **Such-, Saug- und Schluck-Reflexe** aus und ist später integriert in kognitive und intellektuelle Fähigkeiten. Er ist ein kognitiver Reflex, der durch einen neuen Eindruck ausgelöst wird und das Interesse für die Welt beinhaltet. Er bewirkt mehrere **positive** Reaktionen:

▸ Kopf und Augen bewegen sich hin zum Stimulus.
▸ Der Atemrhythmus verändert sich, und der Herzschlag wird beschleunigt.
▸ Der Muskeltonus wird stärker.
▸ Das Großhirn arbeitet mehr.
▸ Der neue Eindruck bewirkt eine Aktivierung des ganzen Körpers hin zum Stimulus.
▸ Alle Reflexkomponenten treten am Anfang bis zu 10-15-mal zu dem gleichen Stimulus auf, lassen dann aber nach, weil ein Gewöhnungseffekt eintritt.
▸ Der Reflex erlischt, sobald der Körper sich an den Stimulus gewöhnt hat.
▸ Jede Veränderung des Stimulus kann die Aktivität des Reflexes wieder neu in Gang setzen.

Bei nicht ausgereiftem Orientierungsreflex können folgende Auffälligkeiten auftreten:

- Wenn der Orientierungsreflex unterdrückt ist, gibt es ernsthafte Dysfunktionen in der intellektuellen Entwicklung.
- Mangelndes Selbstwertgefühl ist beobachtbar.
- Das Gefühl von Leere kann auftreten, ebenso wie das Gefühl, seine Träume und Pläne verfehlt zu haben.
- Wenn er überreizt ist, kann das Kurzzeitgedächtnis nicht alle Eindrücke verarbeiten und im Langzeitgedächtnis speichern.
- Bei Reizüberflutung flacht der Reflex ab, und das Interesse lässt nach.
- Es ist alles viel zu anstrengend.

Segmentaler Rollreflex

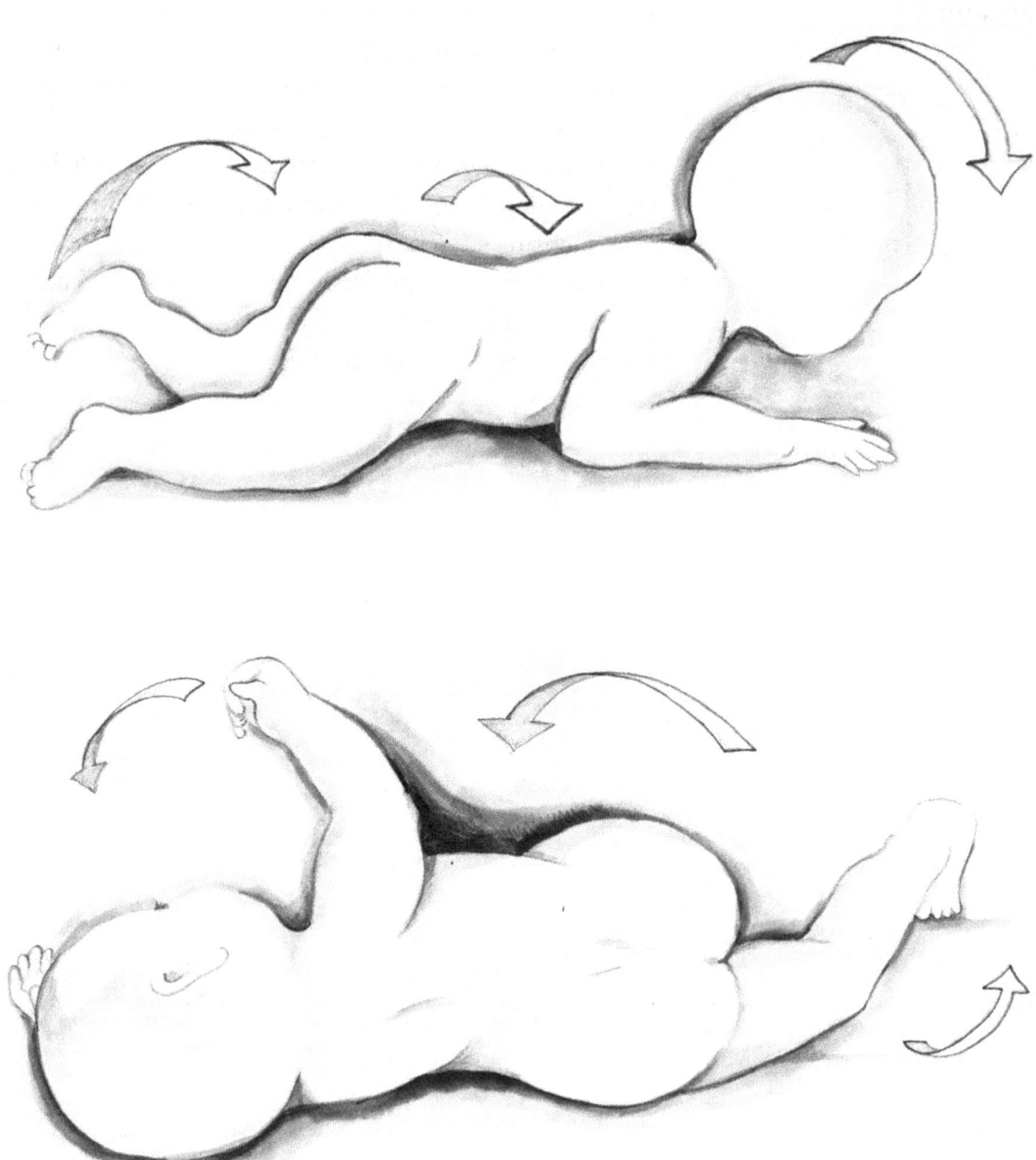

Entstehung: 6.–10. Lebensmonat
Dauer: Lebenslang
Integration: Ins Ganzkörpersystem

Auslöser:
Aus der Bauchlage hebt das Kind den Kopf und schaut sich über die Schulter. Dabei beginnt der Körper sich auf den Rücken zu rollen. Auch aus der Rückenlage kann die Reflexbewegung ausgelöst werden, und zwar durch Anhebung des Beckens.

Erläuterungen:
Dieser Reflex bewirkt Roll- und Drehbewegungen vom Bauch auf den Rücken und ab dem 8.–10. Monat vom Rücken auf den Bauch. Die Hüfte und die Schulter nehmen dabei eine Schlüsselstellung ein. Das Heben des Kopfes leitet die bewusste Bewegung ein. Ein voll entwickelter Rollreflex ermöglicht isolierte Bewegungen von Ober- und Unterkörper.

Bei nicht voll etabliertem Reflex können folgende Auffälligkeiten auftreten:	▸ Kreuzlaterales Kriechen und Krabbeln können übersprungen worden sein.
	▸ Andere primitive Reflexe wie TLR, ATNR oder STNR wurden angeregt, weiter aktiv zu bleiben.
	▸ Das Kleinkind hatte Probleme beim Sich-Rollen.
	▸ Die Übergänge in der Entwicklung von der Kindheit zur Pubertät bis hin zum Erwachsenen sind schwierig zu bewältigen.
	▸ Es gibt Probleme damit, sich differenziert, auf ein Körperteil bezogen, zu bewegen.

Zusammenhänge von Furcht- Lähmungs- und Moro-Reflex 5

Der Furcht-Lähmungsreflex (FLR; s. 4.1) existiert ab der 5. Woche intrauterin. Als Gegenpol der sich entwickelnden Taktilität vermittelt er erste Grundlagen der Eigenwahrnehmung und Eigenbewegung. In dem Maße, wie sich die Taktilität während des Wachstums in der Gebärmutter entfaltet, beginnt der FLR bereits seine Transformation. Das heißt, er fängt jetzt schon mit der langsamen Umwandlung in den reifen Straussreflex an. Der Moro (s. 4.9) löst beim Baby gleich nach der Geburt den ersten Atemzug aus und verhilft ihm dazu, in der Reflexbewegung den Körper zu strecken. Der Moro und der FLR werden von unterschiedlichen Stimuli ausgelöst. Der Moro wird ausgelöst durch einen Wechsel der Körperlage im Raum und aktiviert die Bewegungskoordination der Gliedmaßen zur und von der Körpermitte weg.

In dieser Koordination kann man zwei dynamische Bewegungsphasen beobachten: In der ersten Phase fließt die Bewegung von der Körpermitte zur Peripherie, die Mitte wird geöffnet und die Gliedmaßen werden überstreckt, die Hände öffnen sich. Das Kind atmet dabei ein. Diese Phase kann angesehen werden als Desorientierung, denn das Baby verliert an Stabilität und Sicherheit. Unkontrollierte Angst und Panik treten auf. Die zweite Bewegungsphase geht von der Peripherie zur Körpermitte, und die Mitte wird wieder geschlossen. Der Körper regrediert in die Embryonalstellung in dem Versuch, dem Reiz zu entkommen und das ganze Körpersystem zu schützen. Arme und Beine werden gebeugt, die Hände sind geballt, das Kind atmet aus und fängt an zu schreien. Dies ist der Versuch des Körpers, die Spannung loszuwerden. Im Idealfall nimmt die Mutter das Baby in den Arm, um ihrem Kind wieder Stabilität und Sicherheit zu vermitteln.

Manchmal können sowohl der Moro als auch der FLR durch ein lautes Geräusch ausgelöst werden. In diesem Fall wird zunächst der FLR ausgelöst, dann der Moro aktiviert. Den FLR erkennt man an einer Beugereaktion des ganzen Körpers. Er wird durch ein plötzliches oder lautes Geräusch, durch grelles Licht oder durch eine plötzliche Berührung ausgelöst. Beim FLR sind folgende Bewegungsmuster zu beobachten: Als Antwort auf einen starken unerwarteten Reiz ziehen sich die Kiefermuskeln kurz zusammen, ebenso die Augen und Augenbrauen. Die Schultern werden hochgezogen, der Kopf bewegt sich vorwärts zur Brust hin, die Arme beugen sich in den Ellbogen, und die Handflächen werden nach innen gedreht. Die Rumpfmuskulatur wird angespannt, der Rumpf beugt sich nach vorne, der Brustkorb geht nach unten, und der Atem wird angehalten. Danach werden die Knie gebeugt und nach innen rotiert. Auch die Knöchelgelenke sind nach innen rotiert. Alle Körpermuskeln sind angespannt. Da der FLR meistens in Kombination mit dem Moro auftritt, ist die ideale Auflösung hier wieder in der Umarmung durch die Mutter zu finden. Der Moro ist ein Sekundärreflex. Er entwickelt sich als Ableger aus dem FLR bereits in der 28. Woche im Uterus. Er sollte spätestens im 4. Monat integriert sein, wohingegen der FLR in den reifen Straussreflex transformiert und ein Leben lang aktiv ist.

Der Erwachsene zeigt als Reaktion auf einen starken Impuls normalerweise den Straussreflex, nämlich eine angemessene Schreck- oder Angstreaktion, bezogen auf die jeweilige Situation. Diese angemessene Reaktion kann folgendermaßen aussehen: Geht eine Tür mit einem lauten Knall zu, so dreht man sich herum und schaut, wie das passiert ist. Ein Mensch, bei dem der FLR noch Restreaktionen aufzeigt, zuckt zusammen und geht in die Erstarrung. Das Zusammenzucken, manchmal sichtbar im Anziehen der Schultern und Verspannen der Kiefermuskulatur, ist keine angemessene Reaktion. Es ist eine vom Hirnstamm gesteuerte Reaktion, die keine andere Chance zulässt. Schaut man sich die reflexartige Bewegung des FLR an, so kann man bei Heranwachsenden diese Haltung, nämlich nach innen gedrehte Füße, häufig beobachten. Hier stellt sich dann die Frage, ob es sich um ein orthopädisches Problem oder um die mangelnde Transformation des FLR handelt, zumal bei diesen Kindern ebenfalls eine sehr niedrige Frustrationstoleranz feststellbar ist.

Die Integration des Moro-Reflexes hilft bei der Ausgestaltung des Landaureflexes (des Reflexes der Freude) und ist nach Meinung der Kinesiologen die Basis für einen ausbalancierten Sehnenschutzreflex. Ein nicht integrierter Moro führt zu tiefgreifender Desorientierung, eingeschränkter Entscheidungsfähigkeit und geringer Anpassungsfähigkeit. Man steht sich selbst im Weg, der Wille ist gelähmt! Als Gegenreaktion können Hyperaktivität und ungesteuerte Gefühle, Bewegungs- und Verhaltensweisen auftreten. Die Toleranzschwelle zur Auslösung wird niedriger. Die Angst, mit neuen Informationen nicht umgehen zu können, wächst. Kompensationsstrategien in Form von Flucht in Tagträume, Phantasie- und Scheinwelten helfen dabei, der Angst zu entkommen. Soziale Interaktionen können sehr irrational und emotional gefärbt sein. Eine weitere Reaktion auf die Überstimulierung des Moro-Reflexes ist eine Überproduktion von Adrenalin. Dieses beeinflusst das Immunsystem negativ, kann Allergien und Infektionen hervorrufen und eine allgemeine Schwächung der Lebensenergie bewirken. Die alltägliche Lebensbewältigung wird grundsätzlich mühsamer. Wenn der Moro nicht rechtzeitig integriert und der FLR nicht vollständig zum reifen Straussreflex transformiert, ist es möglich, dass das Leben und Lernen mit Angst verbunden sind, das freie Denken wird dann kaum möglich sein.

Die innere Kraft 6

Wenn wir davon ausgehen, dass die Nutzung unserer Potentiale im Vordergrund steht und nicht eine Ressourcenausnutzung, die sich irgendwann erschöpft, so ist die Arbeit an der Integration der frühkindlichen Reflexe ein Weg, an unsere innere Kraft zu kommen. Damit verändert sich die Wahrnehmung hinsichtlich unserer Möglichkeiten. Der Mensch hat die Chance, über diese veränderte Wahrnehmung zu erkennen, dass nur er alleine die Verantwortung für sich trägt und kann sie dann auch übernehmen. Es wird für ihn dadurch leichter zu bemerken, wann er an neue Grenzen stößt. An Grenzen zu stoßen, kann Angst machen. Tritt der Mensch aus seiner Komfortzone heraus, so fängt er an, seine Angst zu überwinden und bekommt einen erweiterten geistigen Horizont. Seine persönliche Energie erhöht sich dadurch. Werden die Ängste abgebaut, vielleicht sogar aufgelöst, so steht man nicht mehr ohnmächtig dem Geschehen gegenüber, sondern kann an den Aufgaben wachsen, die einem begegnen. Das Schöne dabei ist, dass die Mitmenschen dann auch wachsen können.

Schaut man sich den Entstehungszeitpunkt des Furcht-Lähmungsreflexes an, so sieht man, dass er bereits in der 5. Schwangerschaftswoche auftaucht. Ab diesem Zeitpunkt ist der Mensch damit beschäftigt, mit seiner Angst zurechtzukommen. Sind die Umweltbedingungen so, dass der Fötus normal heranwachsen kann, so hat er die Möglichkeit, bereits in der ihm zur Verfügung stehenden Zeit diesen Reflex in die reife Straussreaktion umzuwandeln.

Wird diese Entwicklung durch vielfältige Einflussfaktoren gestört, so kommt es nach der Geburt zur verzögerten und nicht vollständigen Integration der nachfolgenden Reflexe. Die Hirnstamm-Koordinations-Übungen® können dann helfen, diesen Prozess nachzuholen. Sie stellen eine gute Möglichkeit dar, das häufig verloren gegangene Gefühl der inneren Versorgung sowohl psychisch, mental als auch spirituell wieder zu erleben. Damit verschwindet gefühlsmäßig die Angst, im Mangel zu sein, und die Fülle des Lebens lässt sich wieder genießen.

Die Bedeutung dynamischer und posturaler Reflexe

7

für das Bewegungssystem und die Verhaltensmuster

Bei jedem Neugeborenen ist bereits eine große Anzahl einfacher angeborener motorischer Bewegungen angelegt, die Pawlow als erster „unbedingte Reflexe" (Def. des Duden: angeborene, immer auftretende Reaktion auf äußere Reize) nannte. Diese frühkindlichen Reflexe erlauben es dem Säugling zu überleben. Reflexbewegungen können entweder dynamisch oder postural sein, d. h., sie bewirken entweder bestimmte Bewegungen oder bestimmte Haltungen. In Stresssituationen verursachen sie entweder Flucht- oder Kampfreaktionen, oder sie führen in die Erstarrung. Der Moro gehört zu den dynamischen, der Furcht-Lähmungsreflex zu den posturalen Reflexen. Beide Formen sind schon im Uterus beobachtbar, helfen unter der Geburt und begleiten den Säugling in der ersten Lebensphase.

Jegliche Bewegung, die im Leben gelernt wird, sei es Gehen, Laufen, Springen, Tanzen, Reiten und jede andere komplexe Bewegung, wird auf der Grundlage der primären natürlichen Reflexmuster aus der Säuglingszeit gelernt. Die motorische Entwicklung des Babys bildet die Grundlage für alle kognitiven Fähigkeiten, wobei jede Bewegung einen neurophysiologischen Prozess auslöst. Das heißt, im Gehirn werden Vernetzungen geschaffen, die es möglich machen, auf gelernte Erfahrungen zurückzugreifen. Wenn das primäre Bewegungsmuster nicht ausreichend trainiert wurde, ist jede neu zu lernende Bewegung schwierig. Es ist die Basis für die Ausreifung der willkürlichen Bewegungen des Babys, Kindes und Erwachsenen und hilft anderen Systemen, wie kognitiven Funktionen und intellektuellen Prozessen, sich zu entwickeln.

Die Entwicklung und Ausreifung der frühkindlichen Reflexe mit anschließender Integration in höhere, gesteuerte und kontrollierte Bewegungssysteme ist unabdingbar für unsere Lernfähigkeit. Die Reflexreaktionen dürfen nach der Waltezeit nicht mehr vorhanden sein, jedoch ihre Bewegungsmuster sind ein Leben lang abrufbar, und zwar bewusst. Bei vollständiger Integration ist das auch möglich, ohne dass eine störende motorische Reflexreaktion dazwischenschießt. Integrierte Reflexe bilden das Fundament für die Herausbildung der höheren Funktionen und Systeme. Ihre Bewegungsmuster - nicht die Reflexreaktionen - sind den höher gelegenen Strukturen untergeordnet und dienen ihnen, indem sie jederzeit abrufbar sind. Reflexreaktionen dagegen behindern den sauberen Ablauf von Bewegungsmustern, sie können sogar neu zu lernende Bewegungen verhindern. Somit bilden alle Reflexe und ihre zeitgerechte Aktivität und anschließende Integration die Grundlage für unsere physische, psychische und geistige Entwicklung.

Ist eine latente Reflexbelastung vorhanden, flackert der Reflex immer wieder auf, wenn der Stress zu groß wird. In dem Moment fällt man geradezu in das Reflexmuster hinein und ist in ihm gefangen, ohne etwas dagegen tun zu können. Es ist dann hilfreich, wenn jemand da ist, der das erkennt und die automatischen Bewegungen stoppen kann, damit diese nicht außerhalb der Lernphase weiter eingeübt werden. Denn das Gehirn lernt alles und zieht seine Bahnen auch für die störenden Dinge, und diese Bahnungen sind nur hinderlich für unser Fortkommen. Schafft man es, die störenden motorischen und sensiblen Verhaltensweisen zu unterbrechen, hat das Gehirn die Möglichkeit, andere Muster zu lernen, die für unser Wohlbefinden sorgen. Tagsüber werden die Restreaktionen durch die Bewegung kompensiert. In der Nacht fällt diese Kompensationsstrategie weg und die Muskelanspannung wird automatisch sichtbar, die man tagsüber mühsam zu kontrollieren versuchte. Physiologisch hat das folgenden Grund: In unseren Muskeln gibt es weiße und rote Muskelfasern. Die weißen Muskelfasern sind für den Normotonus (Grundspannung) zuständig, der individuell unterschiedlich ist. Die Grundspannung entspricht der Haltespannung oder isometrischen Spannung. Die roten Muskelfasern sind für die Bewegung zuständig, die man isotope Muskelspannung nennt. Tagsüber wechseln sich die roten und weißen Muskelfasern ab, in der Bewegung sind die roten Muskelfasern aktiver, in Ruhe sind die weißen mehr aktiv.

Da nachts nur die weißen Muskelfasern aktiv sind und damit die Kompensation wegfällt, werden nun die Haltungen nicht integrierter Reflexe sichtbar. Das führt zu unbewussten Muskelanspannungen, die sich in Zähneknirschen oder in einer eigenartigen, verdrehten Schlafhaltung äußern. Der Betreffende liegt auf dem Rücken und hat den Kopf in den Nacken fallen lassen oder schläft in einer „Flitzebogenstellung". Oder er liegt auf dem Bauch und hat die Arme und Beine angezogen. Dies sind die

Stellungen des Tonischen Labyrinthreflexes rückwärts und vorwärts. Wenn ein Kind oder auch ein Erwachsener in der Embryonalstellung schläft, ist das die Haltung des Moro-Reflexes. Diese Schlafstellung kann man häufig bei Depressiven beobachten.

Manchmal sind dabei die Hände zu Fäusten geschlossen sind und das Weiße an den Knöcheln ist sichtbar. Dann ist der Greifreflex noch so stark, dass nicht einmal der Versuch, die Faust sanft zu öffnen, gelingt. Gelingt es doch, die Hand zu entkrampfen, so wird der Schlafende sofort wieder diese Position einnehmen, da nur die weißen Muskelfasern aktiv sind und der Reflex nicht kompensiert werden kann.

Da nachts durch die unwillkürliche Muskelanspannung keine Erholung stattfinden kann, wacht man morgens erschöpft auf, hat Kopfschmerzen oder ist einfach nur schlecht gelaunt und weiß nicht warum. Es gibt viele Menschen, die immer wieder unter diesen Symptomen leiden. Gehen sie dann mal ganz bewusst durch ihren Körper, merken sie, wo überall latente Spannungen sitzen, können sie aber nicht loswerden, auch wenn sie sie durch Hinspüren zunächst gelöst haben. Sobald die Aufmerksamkeit wieder woanders ist, kommt die Muskelspannung zurück und die Kompensationsmechanismen greifen. Diese Dauerspannung ist enorm energieraubend. Man ist ständig damit beschäftigt, seinen Körper irgendwie wieder auszurichten. Dadurch geht viel Aufmerksamkeit für andere Dinge verloren.

Unser größtes Sinnesorgan ist die Haut. Um die Wahrnehmungsstörung in der Sensibilität zu verringern, sind häufige Wannenbäder, kräftige oder sanfte Berührung oder ein liebevolles Massieren sehr hilfreich.

Die Tonusstörung verringert sich langsam durch die Übung, die im letzten Teil dieses Buches beschrieben wird.

Beobachtungen bei Lernproblemen

8

Schreibprobleme	Mögliche persistierende Reflexe
Der Kopf nähert sich während des Schreibens immer mehr dem Tisch	TLR vorwärts, STNR, nicht genügend etablierter Kopfstellreflex
Der Kopf wird mit der Nichtschreibhand abgestützt	TLR vorwärts, STNR, nicht genügend etablierter Kopfstellreflex
Ein Auge wird mit der Hand oder dem Haar abgedeckt und/oder der Kopf wird auf dem Tisch abgelegt	TLR verhindert beidäugiges Sehen, Moro
Verwechslung von b-p; d-t; g-k	Moro
Auditive Hypersensitivität, d. h. Ausblenden bestimmter Tonfrequenzen, Diktate sind mühsam	FLR
Fehler beim Abschreiben von der Tafel	Moro, TLR
Arbeiten sind mit Flüchtigkeitsfehlern gespickt	Moro, TLR
Verdrehen von Buchstaben, Spiegelschrift	TLR, nicht genügend etablierter Kopfstellreflex mit Gleichgewichtsproblemen
Blendeffekt des weißen Papiers wegen zu großer Öffnung der Pupille	FLR, Moro
Unnatürliche Stifthaltung und starkes Aufdrücken des Stiftes	ATNR und Greifreflex
Schreiblinie kann nicht gehalten werden	ATNR

Schlechte Handschrift, das Schreiben in Druckschrift wird dem Schreiben in Schreibschrift vorgezogen	ATNR
Schrift wird ab der Mittellinie schlechter	ATNR
Blatt liegt beim Schreiben im 90°- Winkel	ATNR

Leseprobleme	FLR, Moro, TLR, Spinaler Galant, nicht genügend etablierter Kopfstellreflex
Mitbewegung des Kopfes beim Lesen	ATNR
Auslassen von Wörtern, abgehacktes Lesen	ATNR
Zum Verständnis wiederholtes Lesen erforderlich	ATNR

Allgemeines Verhalten	
Leicht ablenkbar	FLR, Moro, Spinaler Galant
Konzentrationsmangel, schlechtes Kurzzeitgedächtnis, ADHS	Moro, STNR, Spinaler Galant, schlecht etablierte Haltungsreflexe
Abschalten und Tagträumer	FLR
Unfähig, still zu sitzen oder den Mund zu halten, gibt immer wieder Laute von sich	Spinaler Galant
Starke Berührungsempfindlichkeit	Spinaler Galant

Unfähigkeit, sich an einfache Instruktionen zu erinnern	Moro, TLR, Spinaler Galant
Immer wieder Bekleckern beim Essen	STNR
Kann nicht gerade einen Purzelbaum machen, asymmetrische Bewegungen	ATNR
Ständiges Räkeln: Kopf nach hinten und die Beine nach vorne	TLR rückwärts
Die Füße um die Stuhllehne geschlungen, die Arme auf den Tisch gestützt	STNR
Schiefer Gang, möglicherweise Skoliose	Spinaler Galant, ATNR
Schwierigkeiten, einen Ball zu fangen	ATNR, STNR und möglicherweise FLR
Verweigern sportlicher Aktivitäten	Moro, TLR
Schwierigkeiten, Kritik anzunehmen	Moro
Erschwerte Integration in die Gruppe	Moro
Entscheidung zwischen Genauigkeit und Schnelligkeit	ATNR
Schlechte Artikulation, Sprachschwierigkeiten	Greifreflex
Gute mündliche Leistungen, können ihr Wissen aber nicht zu Papier bringen	ATNR
Häufige Stimmungsumschwünge, wegen eines schwankenden Blutzuckerspiegels	Moro
Schlechte Augen-Hand-Koordination	STNR
Sitzt auf beiden Füßen oder auf einem Fuß	STNR

Schlaffe, gebeugte Körperhaltung	STNR
Schwierigkeiten, länger still zu sitzen	Spinaler Galant
Hinhörprobleme, Durcheinanderbringen der Reihenfolge, Vergessen von Wörtern, Buchstaben	ATNR
Wohl hören, dass etwas gesagt wird, aber den Inhalt nicht erfassen können	ATNR

Verhaltensauffälligkeiten und Reflexe 9

Die neuropsychologische Forschung hat in den letzten Jahren deutlich den Zusammenhang zwischen nicht ausgereiften und nicht integrierten frühkindlichen Reflexmustern und Verhaltensauffälligkeiten bei Kindern belegt. Abhängig von den Erfahrungen des Kindes können sich nicht ausreichend integrierte Reflexe im Laufe der Kindheit unterschiedlich verfestigen. Das Kind gerät dann immer mehr in einen unausgeglichenen Zustand, den es aus eigener Kraft nicht mehr auflösen kann. Dieses Ungleichgewicht bleibt bis zum Ende des Lebens bestehen, wenn nichts dagegen getan wird.

Im Folgenden werden einige Verhaltenskomplexe und ihre Verflechtungen mit unausgereiften Reflexen aufgezeigt. Hierbei beschränke ich mich auf die Reflexe, die am häufigsten nicht integriert sind. Alle Reflexe aufzuführen, würde den Rahmen des Buches sprengen. Je nach Zusammenhang kann derselbe nicht integrierte Reflex unterschiedliche Auswirkungen haben.

9.1 Kinder mit aggressivem Verhalten:

Aggression ist ein Hilferuf, denn aggressive Kinder können ihren eigenen Willen schlecht kontrollieren. Sie können auch die Konsequenzen ihres eigenen Handelns nicht abschätzen oder ihre überschießende Energie in sozial akzeptable Bahnen lenken. Ihr Einfühlungsvermögen in andere Menschen kann eingeschränkt sein, und sie können aufbrausend und impulsiv auf andere Menschen, Tiere oder auch Gegenstände gegenüber reagieren. Sie können zu übermäßigem Trotz, Abneigung, Feindseligkeit oder Wutausbrüchen neigen. Dieses Erscheinungsbild bringt eine Vielzahl sozialer Probleme mit sich.

Betroffene Reflexe:

Greifreflex: Bei Restreaktionen sind die Grobmotorik und die Feinmotorik der Hand und Hand- und Fußkoordination unausgewogen, insofern ist das Körpergefühl insgesamt verunsichernd und verkrampft. Bei zuviel Energie kann es zu überschießenden Bewegungen kommen. Dazu können Sprach- und Artikulationsstörungen auftreten.

Das Kind kompensiert mit aggressiven Schutzmechanismen. (Siehe 4.3) **ATNR:** Bei Restreaktionen vollzieht der Körper ungesteuerte unbewusste Bewegungen.

Die Raumorientierung ist unzuverlässig. Auch die Seh- und Hörverarbeitung kann abweichen von der anderer Kinder. Die verwirrenden Sinneseindrücke und automatisch einschießenden Bewegungen ins Ganzkörpersystem führen zu einer tiefen inneren Verunsicherung, die das Kind womöglich mit Wut und Aggression, im Wesentlichen mit Aktionen der Selbstverteidigung, beantwortet. Streit ist vorprogrammiert, wenn sich durch das Drehen des Kopfes automatisch der Arm mitbewegt und womöglich einen Nebenstehenden trifft. Eine Einsicht in die Zusammenhänge fehlt, die Verantwortung wird abgelehnt, und schon wird das Kind womöglich der Lüge bezichtigt, obwohl es tatsächlich keinen bewussten Einfluss auf seine Körperbewegungen haben kann. (Siehe 4.6)

Spinaler Galant-Reflex: Der Reflex ist einer der Geburtsreflexe. Bei zu schnellem Geburtsverlauf oder Kaiserschnitt können Restreaktionen des Reflexes zu verstärkter körperlicher Unruhe und Unsicherheit führen, die je nach Temperament des Kindes aggressives Verhalten auslösen können. Übersteigerte Reaktionen auf Berührungen und Wutausbrüche können auftreten. (Siehe 4.7)

Abstützreflex: Der Reflex ist ein Schutzreflex, der äußere Einflüsse abwehrt und die Grenzen des eigenen Raumes definiert. Bei Restreaktionen treten aggressive Verhaltensweisen zur Verteidigung des eigenen Raums auf. Die Kinder fühlen sich schutzlos, sind leicht angreifbar und gehen in Kampfstellung. Den persönlichen Raum gilt es zu verteidigen. Dabei kann das Kind mit Widerständen, die ihm begegnen, nicht flexibel umgehen. (Siehe 4.11)

Spinaler Perez-Reflex: Restreaktionen führen zu einer verminderten positiven Schutzhülle, einer so genannten Dünnhäutigkeit, und einem fehlenden Gefühl von Sicherheit in sich selbst. Das Verständnis für Ursache und Wirkung ist eingeschränkt und führt dazu, dass Situationen nicht richtig eingeschätzt werden. Das Kind fühlt sich womöglich schnell angegriffen, gerät in Angstzustände und reagiert aggressiv. Es erwartet Konflikte oder ruft sie selbst hervor. (Siehe 4.16)

Bonding: Fehlen Selbstwertgefühl und Selbstsicherheit, die beide schon gleich nach der Geburt verankert werden sollten, kann das später zu aggressiven Schüben und schnell aufbrausenden Kampf-Reaktionen zur Selbstverteidigung führen. Das Kind geht in Widerstand und Ablehnung gegenüber der Umwelt. Es wird nachtragend und unversöhnlich. (Siehe 4.17)

Aufrichtungsreflex: Bei Restreaktionen ist eine aufrechte Körperhaltung mühsam, da der Muskeltonus zu schlaff ist und zu vorwärts geneigtem Gang führt. Dadurch wird der Blick eingegrenzt auf Details, so dass das Verständnis für größere Zusammenhänge fehlt. Soziale Situationen und die Gefühle anderer können nicht richtig eingeschätzt werden, so dass defensives und aggressives Verhalten verursacht werden können. (Siehe 4.20)

9.2 Kinder mit Angst und Furcht

In diesem Zusammenhang wird Angst als eine generalisierte Angst verstanden, Furcht als Angst vor etwas Bestimmten.

Ein Mensch, der Angst hat, fühlt sich unwohl und vermeidet möglichst alles, das diese Angst steigern könnte. Er wagt nichts Unbekanntes, hat Angst vor Zurechtweisung, Ablehnung und Misserfolg.

Furcht bezeichnet in diesem Kontext die Angst vor etwas Bestimmtem - vor Menschen, Tieren, bestimmten Situationen oder Orten. Furcht kann schnell von einem Kind auf das nächste, aber auch von Eltern/Erwachsenen auf Kinder übertragen werden. Die Ursachen und Auslöser der Furcht sind sehr individuell und von anderen nicht unbedingt nachvollziehbar.

Furcht führt zu sehr geringem Selbstwertgefühl und zu panischem Verhalten vor Entscheidungen. Das Kind zieht sich in sich selbst zurück, wird scheu und lebt in seiner eigenen Welt.

Betroffene Reflexe:

Furcht-Lähmungsreflex: Wie der Name schon ausdrückt, führen Restreaktionen zu tiefster Verunsicherung und Erstarrung im gesamten Organismus. Der Mensch ist nicht in der Lage, genügend Energie aufzubringen, um Anforderungen jeglicher Art zu begegnen, geschweige denn sie zu meistern. Das Gefühl der Verunsicherung und Angst wirkt lähmend auf Kreativität und Initiative. (Siehe 4.1)

Greifreflex: Das Kind kann seinen Griff nicht kontrollieren und sich auch nicht darauf verlassen, etwas „im Griff" zu haben. Es kann sich nicht richtig festhalten und feinmotorische Tätigkeiten nur mit erhöhter Mühe ausführen, womöglich selten zu seiner eigenen Zufriedenheit. (Siehe 4.3)

Moro-Reflex: Die tief greifende Desorientierung und Angst, die dieses Reflexmuster mit sich bringt, führen zur Übersensibilisierung und innerer Unruhe und lassen ein Kind nicht zu sich selbst und seiner inneren Stärke vordringen. Es steht sich sozusagen selbst im Wege. Ständige Spannung und Angst überwiegen. Da die Pupillen erweitert sein können, entsteht ein Blendeffekt, der das periphere Gesichtsfeld ständig aktiviert und eine dauernde erhöhte Aufmerksamkeit für einen möglichen „erwartetem" Angriff aufrecht hält. (Siehe 4.9)

Klimmzugreflex: Bei Restreaktionen kann die ständige Muskelspannung in Armen, Oberkörper und Atmung erhöhte Unsicherheit und eine ängstliche Grundeinstellung hervorrufen. Das Kind ist „gespannt wie ein Flitzebogen" und wird schnell ermüden. Fließende Bewegungen mit Armen, Kopf und Oberkörper sind kaum möglich. (Siehe 4.12)

Bonding: Wenn die Verbindung zur Mutter nach der Geburt nicht hergestellt wurde, fehlt das Urvertrauen. Sensible Kinder haben dann Angst allein zu sein, weinen viel, schlafen schlecht und haben Versagensängste. Diese Grunddisposition prägt alle weiteren Lebensbereiche. (Siehe 4.17)

9.3 Kinder mit ADHS oder ADS

Zu den Hauptmerkmalen einer ADHS Störung zählen eine verminderte Aufmerksamkeit, eine hohe Impulsivität und Hyperaktivität (siehe ICD-10)[1]. Kinder, die Probleme haben, ihre Aufmerksamkeit aufrecht zu erhalten, können nicht konstant bei einer Aufgabe bleiben, sondern wenden sich der ihnen in diesem Moment attraktiver erscheinenden Beschäftigung zu. Manchmal driften sie in Tagträume ab, was dann als ADS bezeichnet wird.

Ein hyperkinetisches Syndrom erkennt man an einer hohen Impulsivität. Sie zeigt sich in einer Ungeduld und in der Unfähigkeit, Reaktionen zurückzuhalten. Diese Menschen können nicht abwarten und sind kaum in der Lage, die Befriedigung ihrer Bedürfnisse aufzuschieben. Sie handeln spontan ohne eine bestimmte Absicht und ohne die Konsequenzen ihrer Handlung zu berücksichtigen.

[1] ICD-10:
F90.0: Einfache Aufmerksamkeits- und Hyperaktivitätsstörung
und F90.1 Hyperkinetische Störung des Sozialverhaltens

Unter Hyperaktivität versteht man eine übersteigerte motorische Aktivität, wie immer aufspringen, herumlaufen, eine ausgeprägte Redseligkeit, wackeln, lärmen und andere immer wieder stören, insbesondere dann, wenn Ruhe verlangt wird. Hyperaktivität erkennt man an einer starken Ruhelosigkeit mit einer überschießenden motorischen Aktivität, die das eigene Aufgabenmanagement sabotiert.[2]

Bei Kindern mit ADHS oder ADS herrscht ein ständiger Erregungszustand vor, der es ihnen schwer macht, innerlich zur Ruhe zu kommen, bei einer Sache zu bleiben, genau hinzuhören und alltägliche Aufgaben aufmerksam zu bewältigen. Ihre emotionale Basis ist instabil. Die Kinder können sich durchaus konzentrieren, aber nur auf Dinge, die sie selbst interessant finden und als für sich wesentlich erachten. Oft verfügen sie über eine reiche Phantasie, Einfallsreichtum und ein großes, aber fragmentarisches Allgemeinwissen. Um diese Kinder herum wird es nie langweilig, aber oft geraten sie durch ihre ungesteuerte Unruhe in soziale Konflikte und fühlen sich sehr unwohl in ihrer Haut. Ihre Ungeduld und ihr schnelles Reaktionsvermögen lassen sie oft den Faden verlieren. Sie können sich rücksichtslos in den Vordergrund spielen und jede Unterhaltung unterbrechen. Die Selbstorganisation lässt zu wünschen übrig. Sie vergessen Raum und Zeit, sind schnell abgelenkt, ständig in Bewegung und stiften Unruhe.

Für Eltern und Erziehende stellen diese Kinder eine Herausforderung dar, denn sie machen neue Erziehungsstile erforderlich. Es ist nötig, die Kinder emotional zu gewinnen und mit ihnen überschaubare und einhaltbare Vereinbarungen zu treffen, die zu Erfolgen führen, für die das Kind dann gelobt werden kann. Sie brauchen konsequente Begleitung und Mut machende Unterstützung ebenso wie eine überschaubare, zuverlässige und gleich bleibende Struktur von Eltern und Lehrern.
Forschungsergebnisse belegen, dass die Anzahl von hyperaktiven Kindern von Jahr zu Jahr zunimmt. Die Gründe sind vielfältig. Unregelmäßigkeiten in ihrer vor- und nachgeburtlichen Entwicklung spielen eine wesentliche Rolle!

Betroffene Reflexe:

ATNR: Bei nicht vollständig integriertem Reflex sind die Sinneswahrnehmungen betroffen. Der Wechsel von gezieltem Hören und Sehen zu peripherer Aufnahme ist nicht fließend, so dass das Kind sich nicht auf seine Wahrnehmungen verlassen kann. Auch die Raum- und Zeitorientierung ist davon betroffen. Diese Umstände führen zwangsläufig zu Verwirrung, Unsicherheit und vermehrter Unruhe. (Siehe 4.6)

2 Gasperl, Alexandra bei Tobar, Hugo,
Neuroemotionale Bahnen 4,
unveröffentlichtes Skript 2009

Spinaler Galant-Reflex: Bei Restreaktionen des Spinalen Galant ist Unruhe vorprogrammiert. Das Kind kann einfach nicht stillsitzen. Der Körper windet sich unbewusst ständig mehr oder weniger. Die Unruhe zieht sich durch bis ins Seelische, in die mangelnde Konzentrationsfähigkeit und die Schwatzhaftigkeit. (Siehe 4.7)

Bauer-Kriechreflex: Die Integration von Denken und Bewegung ist erschwert, weil homologe und homolaterale Bewegungsmuster vorherrschen. Das lässt darauf schließen, dass kreuzlaterale Bewegungsmuster nicht ausreichend im Gehirn verankert sind. Das Kind ist mit Kompensationsstrategien, welche unbewusst automatisch ablaufende Bewegungen kontrollieren sollen, erheblich belastet und unter ständiger Anspannung, die sich in übersteuerter Aktivität äußern kann. (Siehe 4.14)

Spinaler Perez-Reflex: Begleiterscheinungen des nicht integrierten Spinalen Perez sind ein schwacher Muskeltonus und emotionale Labilität. Restreaktionen führen zu Übersensibilisierung und Hyperaktivität. Die eigenen Organisationsfertigkeiten sind nicht entwickelt, und das Verständnis für Ursache und Wirkung der eigenen Handlungen ist eingeschränkt. (Siehe 4.16)

Bonding: Je nach Geburtsverlauf und Verbindung mit der Mutter kann dem Kind eine grundlegende Lebenssicherheit fehlen. Schon dieser Umstand allein kann die Symptomatik des hyperaktiven Kindes hervorrufen. Es befindet sich seelisch immer auf der Flucht und auf der Suche nach Schutz, lässt sich aber nicht leicht auf dauerhafte Verbindungen ein. (Siehe 4.17)

Aufrichtungsreflex: Ein schlaffer Muskeltonus erschwert die aufrechte Haltung; das Kind verändert lieber schnell seine Körperstellung. Ein vorwärts geneigter Gang kann auftreten. Die Neugier ist bei einem hyperaktiven Kind übermäßig ausgebildet, aber sie geht nicht in die Tiefe. Das Kind verbindet sich nicht mit Inhalten, sondern springt von einem Eindruck zum nächsten. Zusammenhänge werden nicht erfasst. Die Sprunghaftigkeit ist sowohl auf der körperlichen als auch auf der seelisch-geistigen Ebene zu sehen. (Siehe 4.20)

9.4 Kinder mit verzögertem Lernen

Hier sind Kinder gemeint, die trotz normaler Intelligenz in der Schule nicht richtig lernen können. Ihr Arbeitstempo ist ebenso verlangsamt wie ihre kognitive Entwicklung und ihre körperliche Reife. Ihre Informationsverarbeitung stützt sich eher auf bildhaftes als auf logisches Verständnis von Zusammenhängen. Gedankliche Transferleistungen werden nicht selbständig getätigt. Die Kinder sind auf äußerlich vorgegebene Strukturen und besondere Unterrichtsmethoden angewiesen.

Diese Kinder haben oft ein schwaches Nervensystem, sind vielfach mit Allergien, Asthma oder Neurodermitis belastet. Nervöse Impulse werden verlangsamt weitergeleitet, d. h., das Reaktionsvermögen ist beeinträchtigt. Die Kinder geraten bei jeglicher Anforderung leicht unter Druck und Stress und verlieren auf diese Weise den Anschluss an ihre Aufgaben. Sie ermüden schnell bei Unruhe in der Klasse, reagieren auf emotionale Schwankungen und soziale Konflikte, auf Kritik und Erwartungen von Lehrern und Eltern besonders empfindlich und können sich dann nicht mehr auf schulische Anforderungen einlassen.

Betroffene Reflexe:

Greifreflex: Über die Integration dieses Reflexes wird die Feinmotorik der Hände trainiert, so dass sich z. B. der Pinzettengriff, die Voraussetzung für eine saubere Stifthaltung, entwickeln kann. In der Schule werden schriftliche Aufgaben Stress hervorrufen, und Verweigerungshaltungen sind zu erwarten. (Siehe 4.3)

ATNR: Da die Sinneseindrücke keine zuverlässige Grundlage für das Lernen vermitteln, gehen emotionaler Stress und Unsicherheit einher mit diesen schwankenden Informationen. Schulisches Versagen in den Grundfertigkeiten ist zu beobachten, z. B. im schriftlichen Ausdruck von Gedanken. Wenn beim Schreiben der Kopf die Mittellinie überschreitet, wird die unbewusste einseitige Arm- und Beinreaktion ausgelöst. Schon ist die Aufmerksamkeit auf die Schreibaufgabe unterbrochen. Um diesen unwillkürlichen Mechanismen auszuweichen, entwickelt das Kind unterschiedliche Kompensationsstrategien, z. B. wird das Heft um 90° gedreht, oder das Kind wird schnell unruhig, unkonzentriert und unwillig. (Siehe 4.6)

STNR: Da bei diesem Reflex die Kopfbewegungen nach vorne und hinten in Verbindung mit Beugung und Streckung der Arme und Beine auftritt, wird die ständig notwendige ausgleichende Gegensteuerung dem Kind Energie abverlangen, die dann nicht mehr zum Lernen zur Verfügung steht. Eine charakteristische Schreibhaltung ergibt sich daraus: Der Kopf neigt sich zum Heft, und die Beine strecken sich. Um die unwillkürlichen Bewegungen zu unterbinden, verdrehen die Kinder die Füße um die Stuhlbeine. Das Abschreiben von der Tafel erfordert also erhöhten Aufwand. (Siehe 4.8)

Moro-Reflex: Die besonderen Spannungsverhältnisse im Körper und Versagensängste gehen einher mit einer gewissen Dünnhäutigkeit und Nervosität, mit verminderter Lernfähigkeit und niedrigem Selbstwertgefühl. Eine tief greifende Beeinträchtigung des Wohlbefindens und des Vertrauens in die Welt beeinflussen die seelische Grundstimmung ungünstig. (Siehe 4.9)

Gekreuzter Streckreflex: Bei diesem Reflex ist die Bewegung der Beine besonders betroffen. Unausgereifte Reflexmuster werden jegliche Art der Fortbewegung und der differenzierten sportlichen Betätigung erschweren. Selbst die aufrechte Körperhaltung ist mühsam und stressbeladen. (Siehe 4.13)

Bauer-Kriechreflex: Bei Restreaktionen des Bauer-Kriechreflexes zeigt sich ein verlangsamtes Arbeitstempo. Da vorwiegend nur eine Hirnhälfte aktiv ist, sind Lernerfolge nur mit erhöhtem Aufwand zu bewerkstelligen. Die Kinder machen z. B. immer wieder dieselben Fehler. (Siehe 4.14)

Mögliche Ursachen für nicht integrierte Reflexe 10

Wie im vorangegangenen Kapitel aufgezeigt, korrespondieren die unterschiedlichsten Verhaltensauffälligkeiten mit den Restreaktionen nicht genügend integrierter Reflexe. Es stellt sich die Frage, warum bei manchen Menschen die Reflexe nicht ausreichend integrieren und ihnen selbst, ihren Familien und ihrer Umwelt so viele Schwierigkeiten bereiten. Es gibt mehrere Faktoren, die dazu führen können.

Belastende Schwangerschaften, Frühgeburten, wehenfördernde und wehenhemmende Maßnahmen, eingeleitete Geburten, die Periduralanästhesie, Kaiserschnitte, Nabelschnurumschlingungen um den Hals, Zangen- oder Saugglockengeburten und Sauerstoffmangel unter der Geburt können die natürliche Entwicklung hemmen. Dies gilt auch für anhaltendes Schwangerschaftserbrechen, virale Infekte, Alkohol-, Nikotin- oder Drogenkonsum sowie unbehandelte Schwangerschaftsdiabetes oder eine drohende Fehlgeburt.

Untersuchungen von Svetlana Masgutova zeigen auf, dass bei 94% der Kinder mit ADHS und ADS der Spinale Galant und der Spinale Perez noch aktiv sind. Diese Reflexe werden den Geburtsreflexen zugeordnet, die dem Kind bei der natürlichen Geburt ermöglichen, den Geburtskanal in seiner Zeit zu passieren. Diese Erfahrung der Enge und Begrenzung, der Kraft und der Möglichkeiten, die sich aus der Zusammenarbeit von Mutter und Kind ergeben, können bei eingeleiteten Geburten, bei Geburten mit Periduralanästhesie oder geplantem Kaiserschnitt nicht gemacht werden. Man weiß mittlerweile, dass der Geburtsvorgang vom Kind ausgelöst wird. Bei wehenhemmenden oder wehenfördernden Maßnahmen wird dem Kind die von der Evolution vorgesehene Entscheidung abgenommen, zum „richtigen" Zeitpunkt zur Welt zu kommen.

Die Periduralanästhesie (PDA) betäubt nicht nur das Rückenmark der Mutter, sondern auch das Gehirn des Kindes. Der Rhythmus des Geburtsvorgangs, der in der Zusammenarbeit von Mutter und Kind besteht, wird durch die Betäubung unterbrochen. Weder die werdende Mutter noch das Kind können merken, wann sie bei einer einsetzenden Wehe ihre Zusammenarbeit wieder aufnehmen sollen. Der Mutter muss dann gesagt werden, was sie zu tun hat. Die Mutter hat sich vom Geburtsvorgang verabschiedet, denn die Betäubung lässt sie nicht mehr beim Kind sein. Wie eine Hebamme mir erzählte, fühlt es sich dadurch alleine gelassen. Häufig kommt es bei der PDA zu regelwidrigen Geburtsverläufen, weil sich das Kind nicht dreht und den Druckverhältnissen bei der Geburt nicht folgen kann. Die Folge ist dann ein Kaiserschnitt.

Bei einem Kaiserschnitt, der geplant wird, hat das Baby überhaupt keine Chance, selbst zu entscheiden, wann es seinen Weg in die Welt antreten soll. Die Entscheidung wird ihm abgenommen. Diesen Kindern, die so geboren werden, fehlt häufig die Eigenwahrnehmung. Das Körpergefühl ist gestört, sie sind kitzlig oder brauchen eine kräftige Berührung, um sich richtig spüren zu können. Auch kann man beobachten, dass später im Leben die Schultern hochgezogen werden. Der Grund dafür könnte sein, dass die Babys unter den Achseln aus der Gebärmutter herausgehoben werden. Der Schock ist so groß, dass der FLR keine Möglichkeit hat, vollständig in den reifen Straussreflex zu transformieren, der Moro-Reflex kann nicht ausreichend integrieren. Bei einem geplanten Kaiserschnitt ist das Kind auf die Geburt nicht eingestimmt, da dieser im Normalfall zwei Wochen vor dem Geburtstermin ausgeführt wird. Es wird aus der warmen Höhle herausgerissen und hat nicht das Erleben, wie bei einer natürlichen Geburt in Wellen durch den Geburtskanal gepresst zu werden. Dieses Pressen hat noch die Aufgabe, das Wasser aus den Lungen herauszubefördern, damit bei Eintritt in die Welt der erste Atemzug leichter fällt und der Moro-Reflex seine Arbeit aufnehmen kann. Kaiserschnittkinder haben auffallend oft Probleme mit ihrer Lungenfunktion.

In der Paracelsus-Klinik in Richterswil, Schweiz beobachtet die leitende Chefärztin Angela Kuck, dass Kaiserschnittkinder desorientierter, schwerer zu beruhigen und viel schreckhafter und leichter außer sich sind als Kinder, die auf natürlichem Wege zur Welt gekommen sind. Bei Kindern, bei denen ein Notkaiserschnitt erforderlich war, die aber durch die einsetzenden Wehen entschieden hatten: „Ich will raus", sind diese Folgeerscheinungen weniger zu beobachten. Die Hebamme des Spitals stellt fest, dass geplante Kaiserschnittkinder viel intensiver schreien, sich kaum beruhigen lassen, häufig in der Nacht unvermittelt gellend aufschreien und sehr schreckhaft sind. Die Betreuung und Versorgung dieser Kinder ist für die Mütter um ein Vielfaches aufwändiger und nervenaufreibender als bei Kindern, die auf natürliche Art und Weise zur Welt gekommen sind. Die Chefärztin vermutet, dass Kaiserschnittkinder im späteren Leben viel unruhiger und unkonzentrierter sind. Sie bedauert, dass es keine wissenschaftlichen Untersuchen zu den Auswirkungen eines Kaiserschnitts gibt: „Das würde mich wahnsinnig interessieren. Aber es gibt zu wenige, die das interessiert. Fürs Medizinsystem ist es praktischer, einen Kaiserschnitt zu machen."[1]

Vor einigen Jahren wurde das Forschungsresultat einer schwedischen Studie[2] bekannt, die den Zusammenhang zwischen vorgeburtlichen Risiken und Autismus untersuchte. Autismus war bei Kaiserschnittkindern bedeutend höher. Wenn man dann noch bedenkt, dass nach Ansicht von Dr. Masgutova der Spinale Perez dem Kind die Chance bietet, sich von den übernommenen Giften der Mutter zu befreien, ist es umso wichtiger, die werdenden Mütter auf eine natürliche Geburt vorzubereiten. Leider ist es so, dass z. B. in Niedersachsen nur noch 7% aller Krankenhausgeburten natürlich verlaufen. Die vielen Allergien, die in Form von Hautausschlägen, Asthma oder Heuschnupfen auftreten können, sind Versuche des Körpers, über die Haut und die Schleimhäute Giftstoffe loszuwerden. Unsere Kinder werden schon in eine Welt hinein geboren, die von Umweltgiften sehr stark belastet ist. Wir sollten ihnen zumindest die Chance geben, die Toxine der Mutter über die Bewegung des Spinalen Perez loszuwerden.

Ich bin davon überzeugt, dass es wesentlich ist, sich über die Begleitung von Schwangeren und die Geburtsumstände neue Gedanken zu machen, um vielleicht damit einen Anhaltspunkt zu bekommen, warum unsere Kinder so „anders" sind als früher. Diese Kinder bekommen auch wieder Kinder. Sie haben das Recht, die Natürlichkeit zu erleben. Denn die Natur kann nicht jahrtausendelang irren!

Die unzureichende Bewegung von Babys und Kleinkindern und ein nicht altersgerechtes Handling können bewirken, dass die Reflexe nicht vollständig integrieren. Viele Babys werden viel zu früh in die Kinderwippe oder in den Buggy gesetzt. Die Folge ist eine Stauchung der Wirbelsäule, denn diese ist dann noch nicht so stabilisiert, dass sich die Babys von alleine hinsetzen könnten. Wenn sie später noch angebunden werden oder wenn Wippe und Buggy als Kinderaufbewahrungsort verstanden werden, können die Kinder ihren natürlichen Bewegungsdrang nicht ausleben. Dadurch werden natürliche Entwicklungsschritte verhindert, die dem motorischen Entwicklungsverlauf des Kindes entsprechen. Das Gleiche passiert bei Einsatz eines „Gehfreis", in dem die Bewegungen in eine Schablone gepresst werden, und der Ba-

1, 2 Vgl. Niederberger, Daniela, Der Schnitt ins Leben
in: Die Weltwoche,
Nr. 40 vom 02.10.2008

binski-Reflex immer wieder ausgelöst wird. Dieser wird auch dann wieder aktiviert, wenn Eltern aus Ungeduld oder falsch verstandenem Ehrgeiz ihre Babys vor der Zeit des Laufens immer wieder auf die Füße stellen, ihre Arme nach oben haltend, und sie zum Laufen nötigen.

Der Fernsehapparat ist auch nicht als „Babysitter" geeignet, denn die Fernsehbilder werden vom kindlichen Gehirn noch nicht als solche erkannt, sondern für real gehalten und können dazu führen, dass z. B. ein erfolgreich integrierter Moro-Reflex wieder ausgelöst wird und einer generalisierten Angst Tür und Tor öffnet. Krankheiten und Unfälle, die den Menschen an seine Grenzen bringen, können ebenfalls bereits integrierte Reflexe wieder aktivieren.

Ich bin der Meinung, dass wegen der vielen Wissensdefizite, die Eltern zwangsläufig haben, eine Elternschule eingerichtet werden sollte, um beiden Seiten, Eltern und Kindern, eine sichere Basis zu geben. Für alles braucht man einen Nachweis zur Berufsausübung. Auch die Berufung, Eltern zu werden, sollte im Vorfeld professionell unterstützt werden. Und nicht erst dann, wenn das Kind bereits „in den Brunnen gefallen" ist.

Physiologische Hintergründe

Die Tonusentwicklung (Muskelspannung) des Säuglings folgt einem physiologischen Ablauf. Dabei läuft die posturale Reifung (Körperaufrichtung) nach einem festgelegten inneliegenden Programm ab, so wie dies bei der Zellteilung nach der Befruchtung der Eizelle auch der Fall ist. Die Körperaufrichtung geht von oben nach unten, also vom Kopf zu den Füßen.

In den ersten Wochen werden bei einem Säugling nur Massenbewegungen beobachtet, da für willkürliche Bewegungen die Markscheidenbildung (Myelinisierung) der Nervenstränge noch nicht vorhanden ist. Durch die Myelinisierung bekommen die Nervenstränge eine Isolierschicht, die mit verantwortlich für die Weiterleitung eines Nervenimpulses ist. Solange diese Isolierschicht sich über die Bewegungen noch nicht ausreichend gebildet hat, kommt es zu den Massenbewegungen. Das Baby bewegt seinen Körper in unwillkürlicher Art und Weise. Wenn es sich freut, strampelt es mit Armen und Beinen gleichzeitig, ohne eine bestimmte Bewegungsrichtung initiieren zu können.

Auffällig ist, dass der Säugling direkt nach der Geburt seinen Kopf aus der Bauchlage heben kann, und zwar unabhängig vom übrigen Körper. Dies ist der Beginn der freien Kopfkontrolle, die trainiert werden muss, um so zum Ende des ersten Lebensjahres eine vollständige freie Kopfkontrolle zu erlangen. Damit kann sich dann der Kopf unabhängig vom übrigen Körper bewegen.

Das heisst aber auch, dass es zu keinen Störungen in der physiologischen Entwicklung des Kindes im ersten Lebensjahr gekommen ist. Stellt der Kinderarzt fest, dass die Kopfkontrolle nicht altersentsprechend ist, kann man von einer Störung im natürlichen Ablauf ausgehen.

Eine Störung dieser Entwicklung ist in Form einer zentralen Koordinationsstörung gekennzeichnet durch ein Fortbestehen von tonischen Mustern, bestehend aus den vestibulären Reflexen, wie dem Asymmetrischen (ATNR) und Symmetrischen Tonischen Nackenreflex (STNR) oder dem Tonischen Labyrinthreflex (TLR) oder den propriozeptiven Reflexen, wie dem Furcht-Lähmungsreflex (FLR) oder Greifreflexen.

Dies zieht automatisch eine Tonusstörung nach sich. Der Begriff der zentralen Tonus- und/oder Koordinationsstörung wurde von Dr. Vojta[1] geprägt, der in seinem Klinkalltag als Orthopäde bereits bei Säuglingen Tonusstörungen bemerkte, die auf dem Weiterbestehen der tonischen Muster beruhten. Damit ist eine Störung der Reifung des Zentralen Nervensystems (ZNS) verbunden. Tonusstörungen behindern eine geordnete physiologische Entwicklung des Kindes im ersten Lebensjahr, mit der Folge von motorischen Defiziten und daraus abgeleitet, unterschiedlichen Wahrnehmungsstörungen.

Die unbewussten motorischen Restreaktionen verhindern eine natürliche Körperhaltung, was dazu führt, dass Bewegungen in ihrer Komplexität nicht sauber ausgeführt werden können und der Körper sich dadurch von Anbeginn des Lebens langsam verformt. Das führt zu Fehlstellungen im Knochenbau, und die Gelenke werden dadurch zu stark belastet. Menschen mit noch sehr starken aktiven frühkindlichen Reflexen sind häufig nicht in der Lage, die von Sportlehrern, Physiotherapeuten oder Qigong Lehrern geforderten Bewegungsabläufe auszuführen, weil sie keine innere kinesthetische Vorstellung von diesem Bewegungsablauf haben. Die motorischen Restreaktionen schießen immer wieder dazwischen.

Um einer gestörten Entwicklung vorzubeugen, hat Vojta sieben Lagereaktionen entwickelt, die dem Kinderarzt zuverlässig Auskunft darüber geben können, ob eine zentrale Koordinationsstörung vorliegt.

Doman und Delacato haben bereits 1963 „die offensichtlich unabdingbare Notwendigkeit bestimmter, physischer Aktivitäten als Voraussetzung für das richtige Funktionieren des neuralen Apparates, der an intellektuellen Prozessen beteiligt ist (...) "[2] entdeckt. „Eine der wichtigsten dieser physischen Aktivitäten ist das Krabbeln im Kreuzgang, um, neben der Funktion der reinen Fortbewegung, die Zusammenarbeit zwischen den Gehirnhälften zu entwickeln. Diese bildet die Grundlage für eine vollständige sensomotorische Organisation."[3] Diese Fortbewegung wird durch das Bestehen tonischer Muster gestört.

Bereits Vojta sagte, dass die Unreife des ZNS unbedingt sofort behandlungsbedürftig sei, wobei über die körperliche Wahrnehmung gearbeitet werden muss. Bekommt das Kind den richtigen sensorischen Input, folgt auch die physiologische motorische Entwicklung. Damit wird Verhaltensauffälligkeiten im Kindes-, Jugend- und Erwachsenenalter vorgebeugt und diese verhindert.

1 Vgl. Vojta,
Die zerstörenden
Bewegungsstörungen

2 Vgl. Delacato, Carl H.,
The Diagnosis And Treatment Of Speech
and Reading Problems.
Springfield, Illinois (USA) 1963

3 Vgl. Hess, Eckhard H.,
Prägung. Die frühkindliche Entwicklung von
Verhaltensmustern bei Tier und Mensch.
München 1975

Wird im ersten Lebensjahr die Unreife des ZNS nicht erkannt, wird die Tonusstörung durch die Bewegungen des Kindes noch weiter verfestigt, so dass die frühkindlichen Reflexe nicht die Chance haben, ihre Wirksamkeit in ihrer unwillkürlichen Form zu verlieren. Wenn die tonischen Muster bestehen bleiben, verformen sie den Körper so, wie ständig fließendes Wasser einen Stein verformt. Verhaltensauffälligkeiten, die sich daraus zwangsläufig später zeigen werden, sind von ihrer Ausprägung, sprich Verformung, her individuell sehr unterschiedlich, haben auf den Menschen jedoch ein Leben lang einen begrenzenden Einfluss. Der Mensch wird dann nie in der Lage sein, sein volles Potential zu leben.

Die Aufgabe der Übungen ist es, die Wirkung der tonischen Muster zu unterbrechen und auszuschalten. Dies geschieht durch Schulung der Wahrnehmung des Kindes in Haltungen, die frei von tonischen Mustern sind. Tonusstörungen sind immer unabhängig von der Intelligenz! Nur, je intelligenter ein Mensch mit Tonusstörungen ist, desto mehr kognitive Möglichkeiten der Kompensation stehen ihm zur Verfügung. Die Spannungen, die bei einer Tonusstörung im Körper für den betroffenen Menschen spürbar sind, hindern ihn daran, eine gesunde Wahrnehmung zu entwickeln, ohne dass er sich dessen bewusst ist. Denn es fehlen ihm Referenzwerte, wie es anders sein könnte. In Stresssituationen wird dann häufig nicht angemessen entschieden und gehandelt.

Da zwischenmenschliche Erfahrungen von der eigenen Wahrnehmung geleitet werden, ist es zwingend erforderlich, die motorisch zeitgebundenen Entwicklungsstufen zu respektieren. Falls diese nicht von alleine bewerkstelligt werden können, muss das Kind entsprechend unterstützt werden, damit es eine gesunde Wahrnehmung bekommt. Die neurophysiologische Ordnung wird bei der Anwendung der von mir vorgestellten Übungen beachtet und kann in jedem Lebensalter angewendet werden. Eine bereits verfestigte Tonusstörung kann in jedem Alter zur Normalisierung hin verändert werden, wobei natürlich die Erfolge bei einer in der Kindheit angewandten Therapie am besten sind.

Hat der Klient die Übungen gelernt und integriert sie in sein Leben, wie er es auch bei anderen für ihn wohltuende Rituale tut, so hat er die Chance, angeborene Schwächen seines Organismus gar nicht manifest werden zu lassen, die sich dann in Krankheiten äußern würden, die bereits die Vorfahren hatten. Jedoch nicht die Krankheit wird vererbt, sondern die Veranlagung dazu. Die Veranlagung zur Koordinationsstörung wird vererbt, jedoch wird die Manifestierung von Verhaltensauffälligkeiten durch die täglichen sensomotorischen und psychischen Erfahrungen eines Menschen entscheidend geprägt, was wiederum individuell sehr unterschiedlich ist.

Dr. Svetlana Masgutova, die sich seit 20 Jahren mit den Folgen der Nichtintegration von frühkindlichen Reflexen befasst, sagt: „Jede Therapie, die auf nicht integrierte (d. h.: unwirksam werdende; Verf.) Reflexe ansetzt, fördert die Kompensation."[4] Die angeborenen motorischen Steuerungsmechanismen der Reflexe, d. h. die unwillkürlichen motorischen Reaktionen, können bei Nichtintegration nicht unwirksam werden, sie können nur mehr oder weniger beansprucht werden. Um aus diesen Reflexmustern herauszukommen, ist es notwendig, den Körper perzeptive Erfahrungen machen zu lassen, bei denen keinerlei hypertone Spannungen spürbar sind. Das ist nur möglich, wenn Körperhaltungen eingenommen werden, in denen möglichst keine hypotonen Muster vorhanden sind. Damit bekommt auch das Gehirn andere Informationen, die physiologisch und frei von einer globalen Tonusstörung sind.

Hat das Gehirn einmal diese Erfahrung gemacht, will es sie immer wieder haben, denn eine spannungsfreie Lage des Körpers, die sich nicht nur auf die Muskulatur, sondern auch auf alle Gewebe, wie der Gefäße, der inneren Organe, der Sehnen und Bänder, erstreckt, lässt den Menschen innerlich klarer werden. Er bekommt endlich Referenzwerte, wie es sich anders anfühlen kann und welche Erleichterung dieser Zustand bringt. Daher sind diese „Übungen" keine Übungen im physiotherapeutischen Sinne, sondern sensorische, die den ganzen Menschen erfassen, sowohl physisch, emotional, mental, sozial als auch spirituell.

Werden die Übungen dann auch noch mit der neuroenergetischen Kinesiologie kombiniert, so können sich die Erfolge aus der Anwendung von zwei ansonsten unabhängigen exzellenten Methoden, die aber beide die gleiche Zielsetzung haben, nämlich den Menschen tatsächlich selbstbestimmt in die Handlung zu bringen, potenzieren.

4 Dieses Zitat stammt aus den Ausführungen von Dr. Masgutova während des Seminars, an dem ich im Jahr 2008 teilgenommen habe.

Hirnstamm-Koordinations-Übung

Allgemeine Anmerkung:

Wichtig ist es, die Bewegungsschritte langsam, nacheinander und nicht gleichzeitig (besonders auf den Kopf achten) auszuführen.

Bei der Ausführung aller Übungen dürfen keine Schmerzen auftreten. Wenn Schmerzen zu spüren sind, sofort die Lage so verändern, dass sie als angenehm empfunden wird. Kompensationshaltungen werden mit zunehmendem Üben aufgegeben.

Die Spannung, die das Hauptproblem bei nicht integrierten Reflexen ist, wird mit der Zeit zurückgehen bzw. immer wieder in den Hintergrund gedrängt werden.

Ein Zeichen dafür ist das Gefühl, dass der Körper in den Boden sinken will. Bei regelmäßigem Üben wird dieses Gefühl bereits nach ein paar Sekunden eintreten. Die Übung kann dann beendet werden, wenn man will.

Jedes Mal, wenn man in die Ausgangslage zurückgekommen ist, muss man nachspüren, ob der Körper zentriert liegt. Liegt er in einer gebogenen Haltung, muss diese erst korrigiert werden, damit der Körper kinesthetisch das Gefühl von Zentrierung lernen kann. Dafür ist zu Anfang immer wieder Hilfe von begleitenden Personen erforderlich.

Die ETA-Übung

-Flach mit der Stirn und nach oben ausgestreckten Armen auf den Boden legen.

-Die rechte Hand unter die Stirn schieben, dann das linke Bein aus der Hüfte heraus anheben, abspreizen und dann so ablegen.

-Die linke Hand unter die Stirn auf den Handrücken der rechten Hand legen, dann das rechte Bein aus der Hüfte heraus abspreizen und dann so ablegen.

-Die Fersen fallen, soweit es geht, nach innen.

-In Gedanken den Körper von oben nach unten durchgehen und beobachten, wie er sich anfühlt. Dabei auf den Atem achten. Die Beine wieder eines nach dem anderen in die Mitte bringen.

-Die Hände nacheinander unter der Stirn wegziehen und rechtwinklig mit den Handflächen nach unten rechts und links vom Kopf ablegen.

-Danach den Kopf nach links drehen, leicht in Richtung Brust senken und anschließend den rechten Arm nach unten neben den Körper angewinkelt ablegen, wobei die Handfläche nach oben zeigt.

-Die Hüfte anheben und sich dann auf die rechte Seite legen. Die Beine folgen, dabei wird das untere Bein nach vorne gezogen, das obere kommt, soweit es geht, gestreckt darauf zu liegen. Die Ferse des unteren Beines sollte direkt unter dem oberen liegen, nicht hervorziehen. Die Beine so positionieren, dass keine Spannung oder Schmerzen vorhanden sind.

-In dieser Stellung solange liegen bleiben, wie man es als gut empfindet. Dabei auf den Atem achten, und den Körper von oben nach unten wahrnehmen.

-Um wieder in die Ausgangsposition zu kommen, wird zuerst der Unterkörper auf den Boden gebracht, danach den abgewinkelten Arm neben den Kopf legen, dann erst den Kopf wieder in die Mitte drehen.

-Die Hände mit den Handrücken nach oben wieder nacheinander unter die Stirn legen, dann die Beine nacheinander abspreizen. Nachspüren, ob sich im Körper bereits eine Veränderung bemerkbar macht.

Dieses auf beiden Seiten jeweils drei Mal durchführen.

-Um aufzustehen, bringt man die Beine zunächst wieder einzeln in die Mitte, indem sie aus der Hüfte heraus angehoben werden.

-Danach wird der rechte Arm mit der Handfläche nach unten ganz nach oben ausgestreckt, der linke Arm wird wieder rechtwinklig mit der Handfläche nach unten neben den Kopf gelegt und der Kopf nach links gedreht.

-Der Körper wird dann ganz auf die rechte Seite gedreht, danach werden die Beine jetzt gleichzeitig angewinkelt.

-Dann fängt man an, sich langsam hochzuziehen, indem man sich mit der linken Hand abstützt, und den rechten Arm gleichzeitig mitzieht.

-Ist man schon fast oben, wird die linke Hand vom Boden gelöst und zur Seite gebracht, und die Beine kommen mit Schwung um 180° nach vorne, damit man so eine sitzende Position erreicht.

Dabei ist darauf zu achten, das man wieder mittig sitzt.

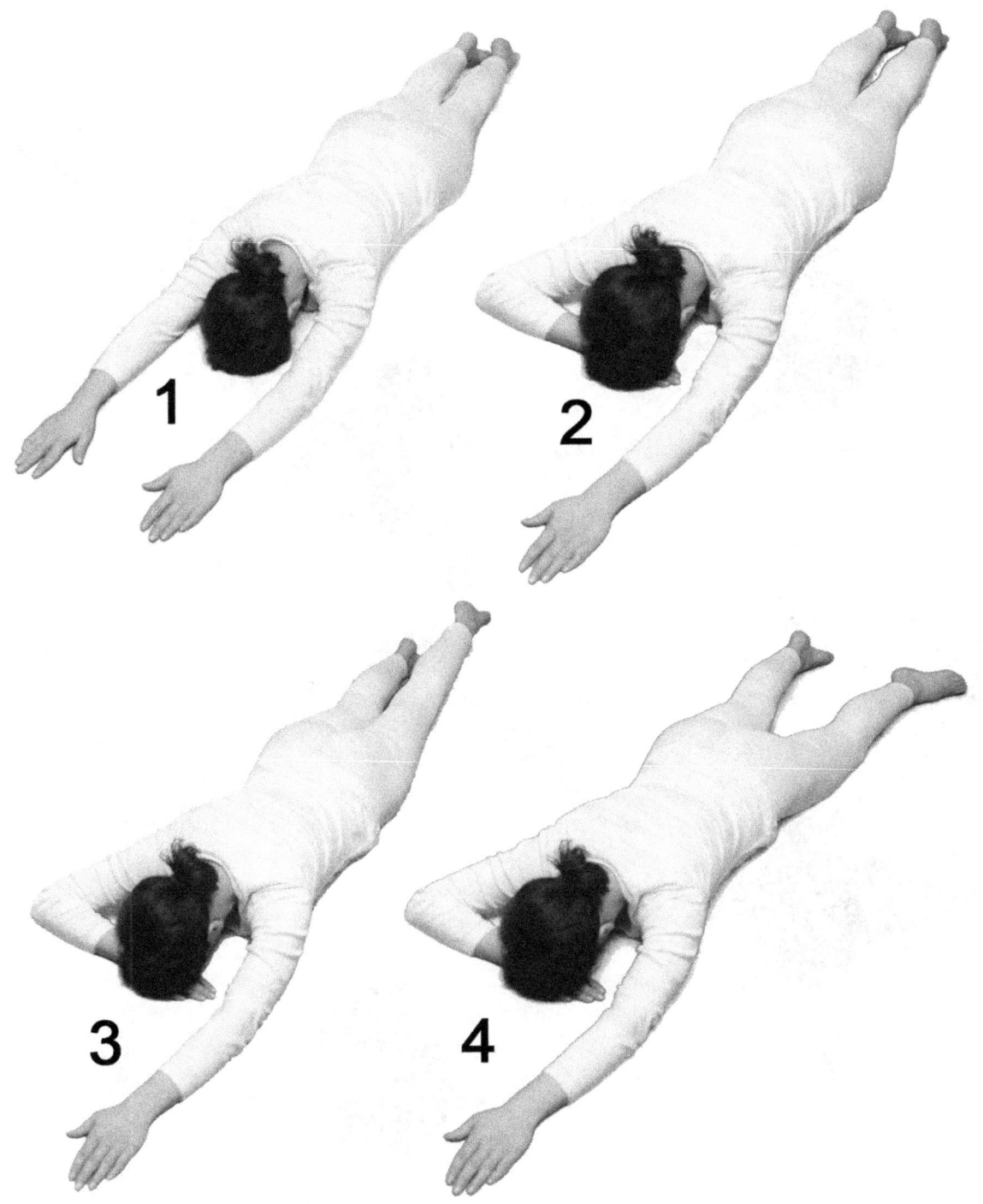

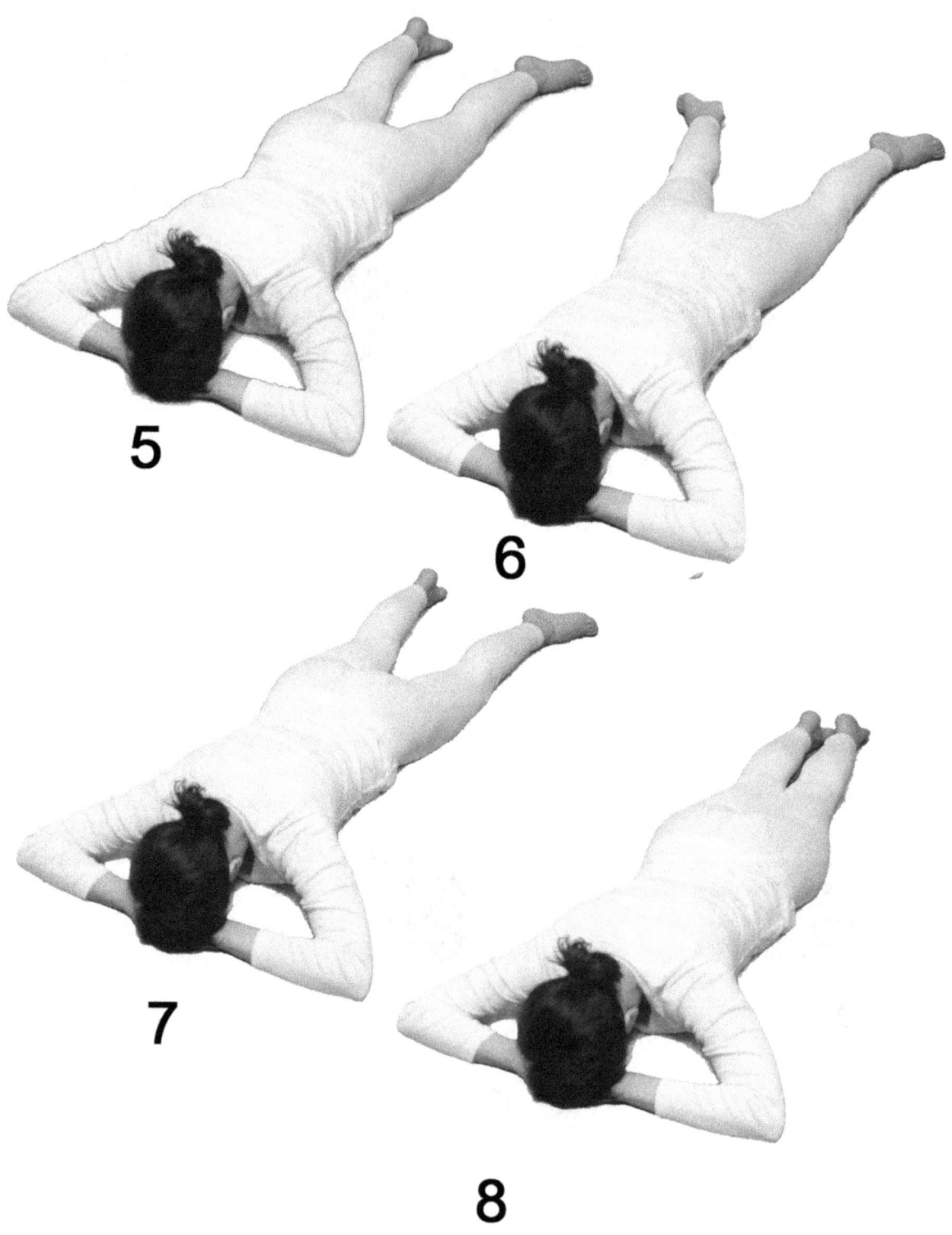

5

6

7

8

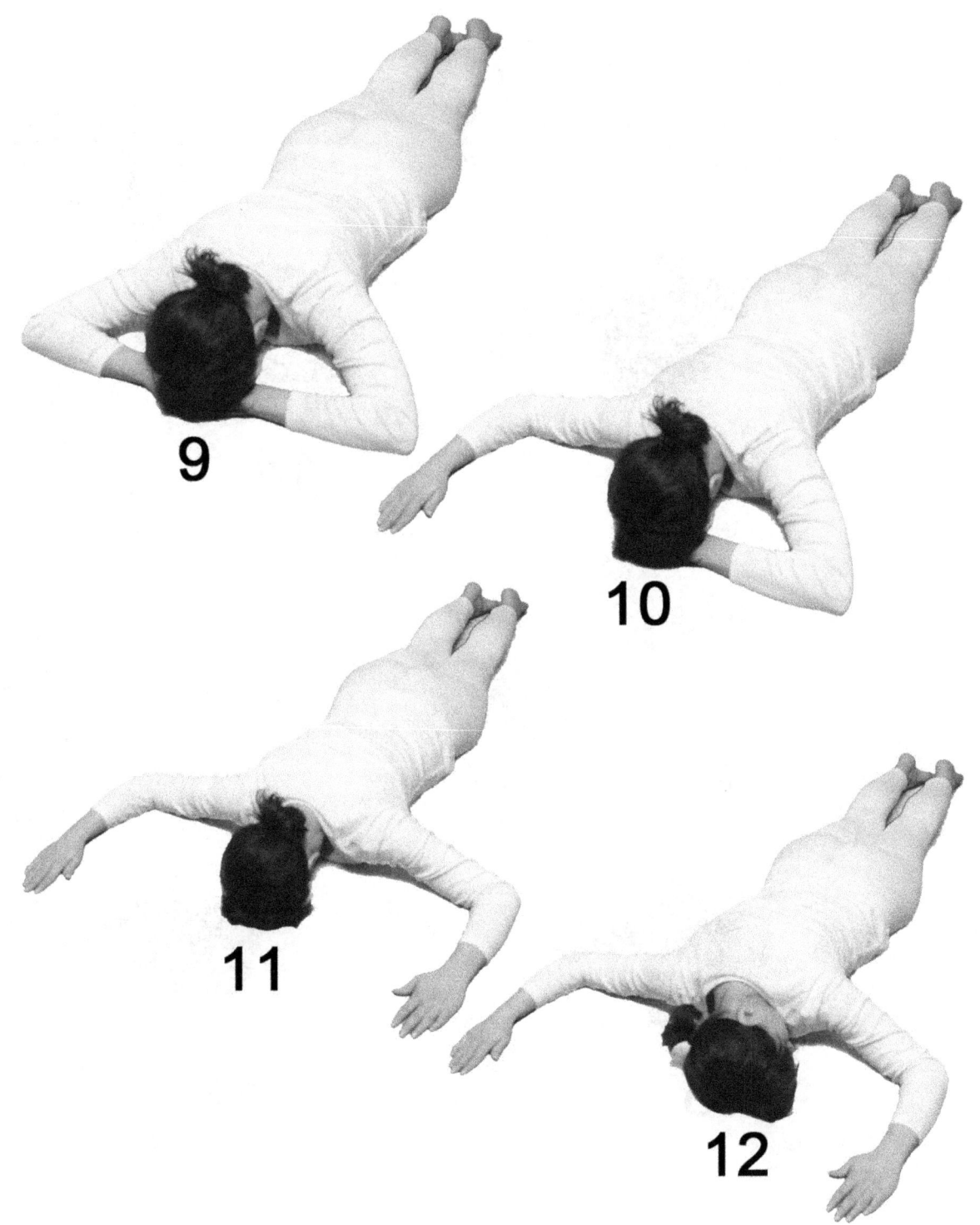

9

10

11

12

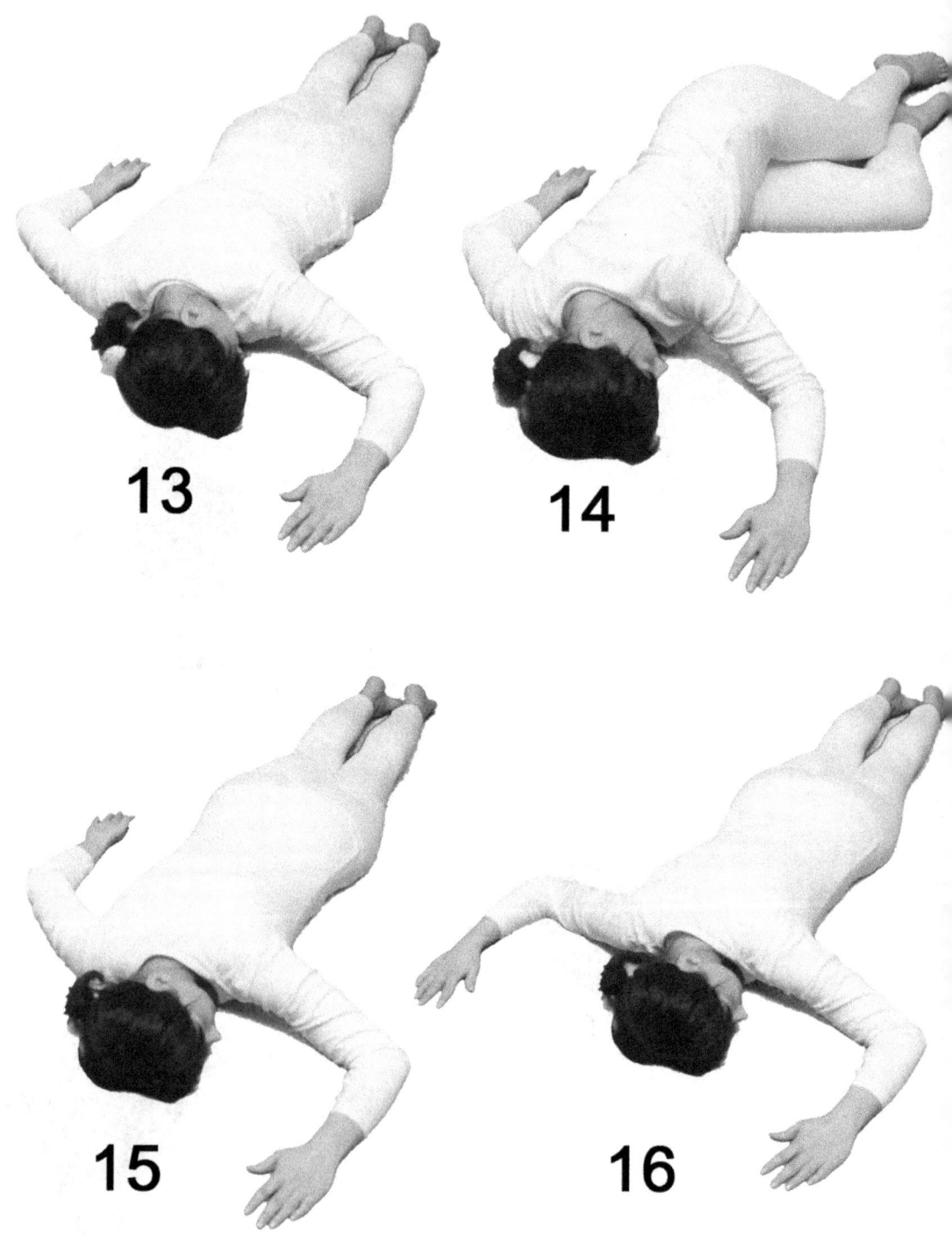

17

18

19

20

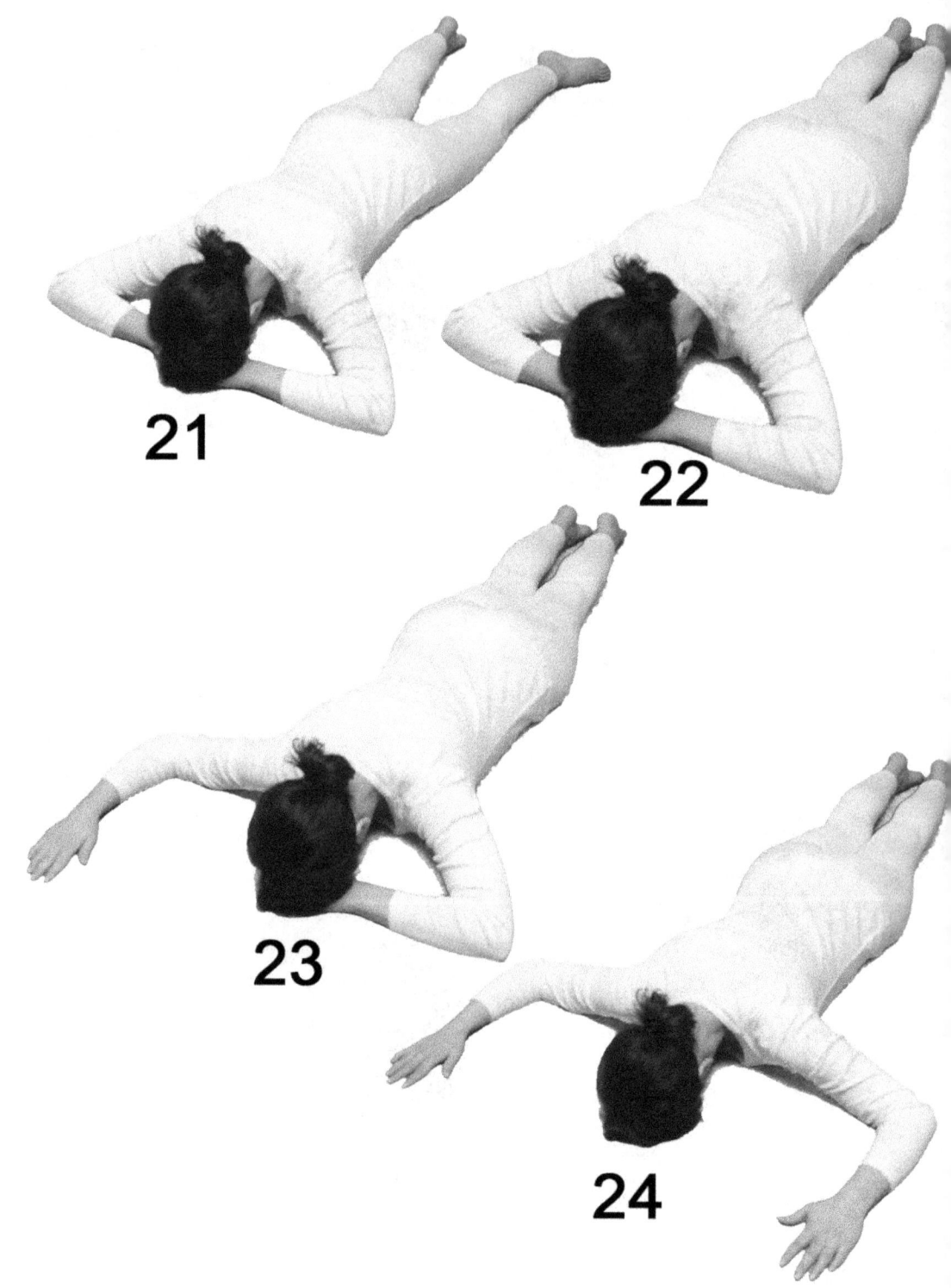

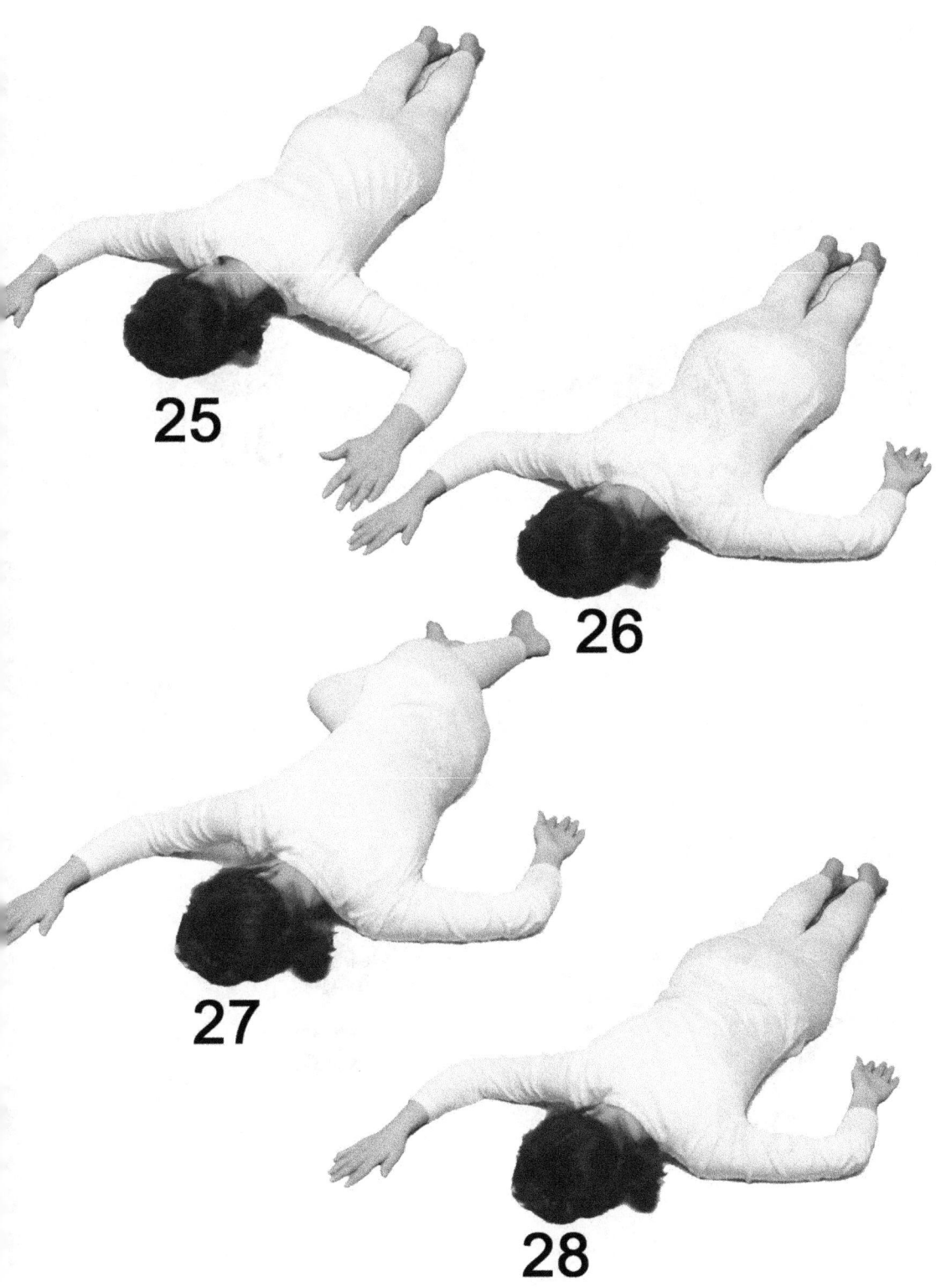

25

26

27

28

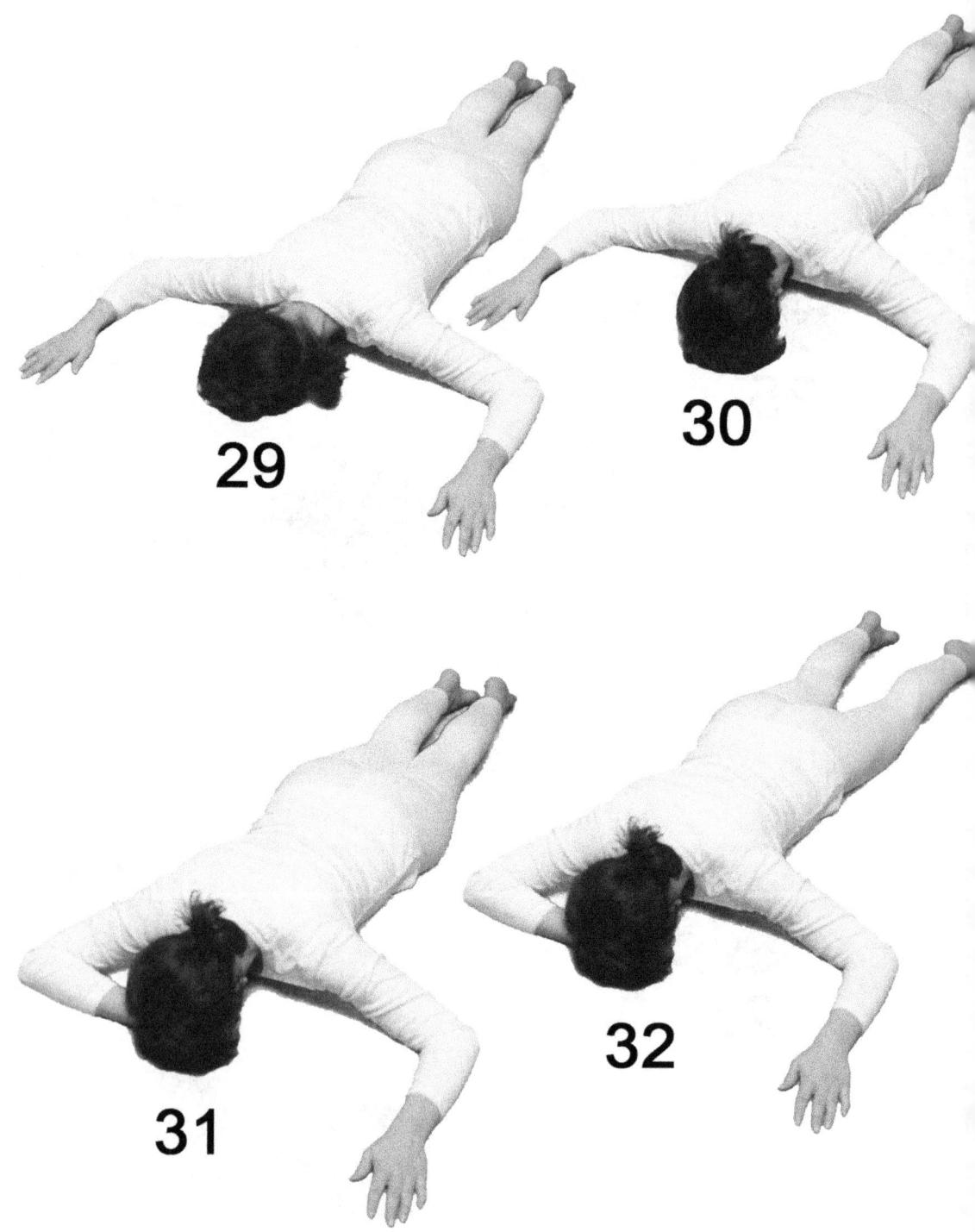

29

30

31

32

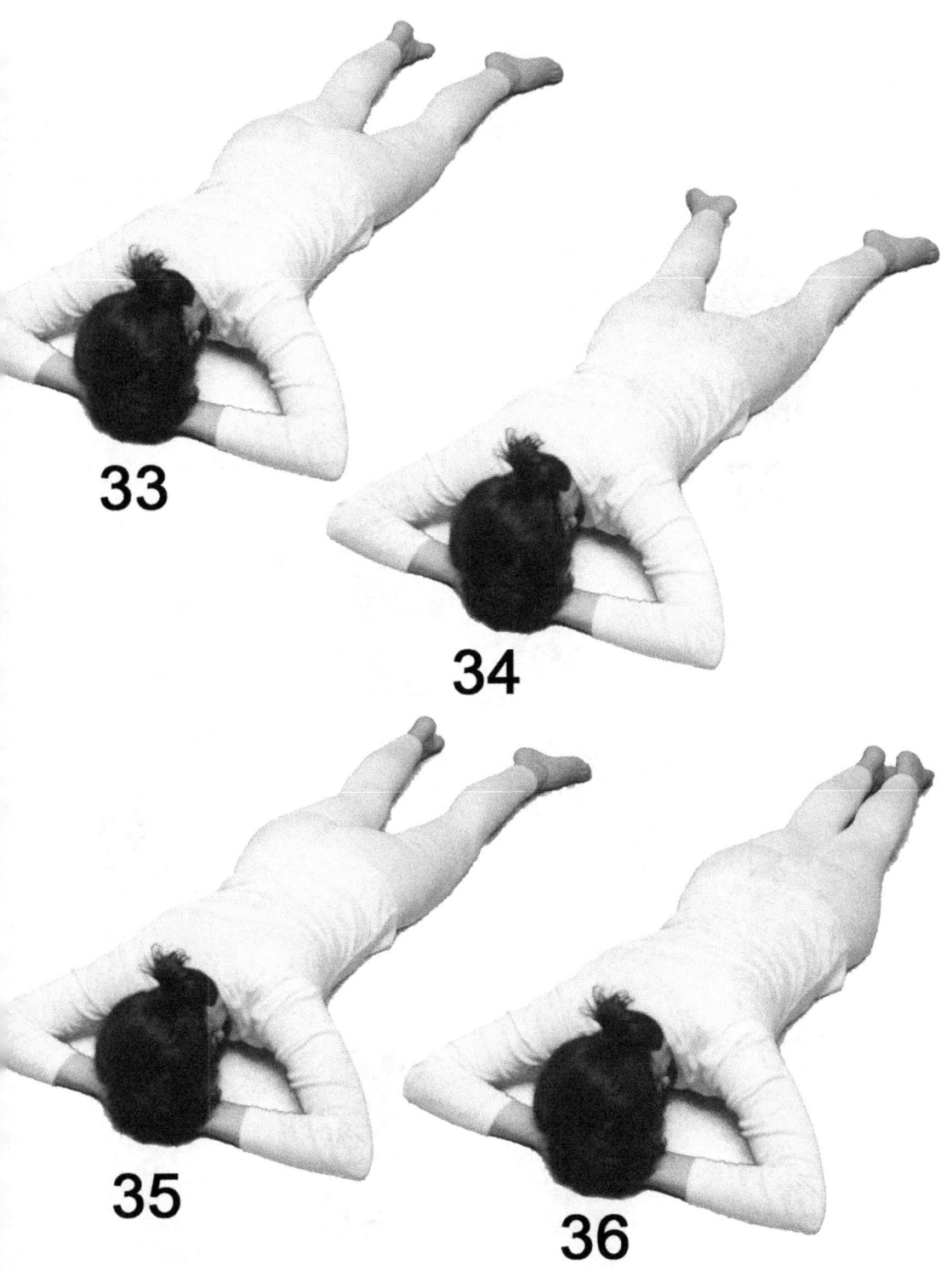

33

34

35

36

41

42

43

44

Die Kopfkontrolle
vor und nach einer neuroenergetischen Balance

13

Ist die Kopfkontrolle aufgrund der nicht physiologischen Entwicklung bei einem Erwachsenen noch nicht voll ausgereift, so erkennt man das an bestimmten Haltungen.

In vielen Situationen wird der Kopf abgestützt, z. B. beim Schreiben oder beim Sitzen in einem bequemen Sessel, wobei der Betreffende den Ellenbogen auf die Armlehne stützt und den Kopf in die Hand legt. Oder er hält den Kopf in beiden Händen, während er an einem Tisch sitzt. Oft kann man beobachten, dass der Kopf keine Linie mit dem Körper bildet, sondern sich vor dem Körper befindet und beim Gehen immer weiter nach unten geneigt wird, so dass der Mensch nur den Boden sieht, oder dass der Kopf sich nach hinten wegbewegt, was dem Betreffenden von seiner Umgebung gerne als hochmütige Haltung ausgelegt wird.

Die mangelnde Kopfkontrolle lässt sich auch, nicht ganz so offensichtlich, an steif wirkenden Hüftbewegungen ablesen. Die Hüften werden bei jedem Schritt nach vorne geschoben und wirken nicht nur steif, sondern sind es tatsächlich.

Die Kopfkontrolle kann mit Vojtas Traktionstest[1] bei Personen jeden Alters überprüft werden. Fällt der Kopf dabei in den Nacken, so heißt das, dass die Kopfkontrolle nicht völlig ausgereift ist. Der betroffene Mensch ist gezwungen, seinen Kopf über Kompensationsstrategien zu halten. Die Anstrengung, die sich daraus für sein gesamtes Leben ergibt, wird mit zunehmendem Alter immer größer. Irgendwann ist der Körper dadurch völlig überanstrengt und der Mensch fühlt sich völlig überfordert, weil die Kompensationsmuster nicht mehr ausreichen. Das führt dann zu Erschöpfungszuständen, die nicht psychisch oder mental ausgelöst werden, sondern dadurch, dass der Körper nicht mehr kann. Die permanenten Spannungszustände, die in einer nicht ausgereiften Kopfkontrolle ihre Ursache haben, sind für jeden Körper ungemein kräftezehrend. Irgendwann reagiert er mit individuell verschiedenen Auffälligkeiten, um anzuzeigen: Jetzt reicht's mir!

1 Vojta, Die zerebralen Bewegungsstörungen

Hier kann die Neuroenergetische Kinesiologie helfen. Mit dieser Methode ist es möglich, die Kopfkontrolle zu verbessern. Es gibt Klienten, bei denen direkt nach einer Balance die Kopfkontrolle vollständig vorhanden ist, bei anderen geschieht nach der ersten Balance gar nichts. Dazwischen sind alle Abstufungen möglich.

Bei den Menschen, bei denen keine Veränderung eintritt, liegen nach meiner Erfahrung aus der Somatic Experiencing®2 –Arbeit Entwicklungstraumen vor.

2 www.somatic-experiencing.de ;
www.traumahealing.com/somatic-experiencing/peter-levine.html

Auswirkungen auf den späteren Lerncode

14

14.1. Vorbemerkung

Untersuchungen von Dr. Svetlana Masgutova zeigen auf, welche Auswirkungen Geburtsreflexe auf den Lerncode im späteren Leben haben. Wie andere Forschungen von Richard Chamberlain, William Emerson, Peter Levine und Raja Selvam ergeben haben und die Hirnforschung dies mittlerweile bestätigt, werden die Erfahrungen, die ein Fötus sowohl im Uterus als auch unter der Geburt gemacht hat, im ganzen Gehirn verankert. Dadurch werden das Lernverhalten und die Emotionalität im späteren Leben geprägt.

Geburtsreflexe entwickeln sich während der Wachstumsphase in der Schwangerschaft und schaffen ein Handlungsgedächtnis, auf das der Fötus während der Geburt zurückgreifen kann. Der Geburtsverlauf wird in vier Phasen unterteilt, die wiederum in je drei Abschnitte gegliedert werden. Ich beschreibe nur die vier übergeordneten Phasen, denn eine differenzierte Betrachtung der vier Stufen würde hier den Rahmen sprengen.

Die vier Phasen sind: Die Vorbereitung, der Prozess, die Integration und die Abschlussphase. Die Nachgeburtsphase, die ebenso wichtig ist, betrachte ich bereits unter dem Aspekt des Handlings und beziehe sie hier nicht direkt mit in die analoge Betrachtung des Lerncodes ein. Unter Handling verstehe ich die Versorgung des Babys, die Art und Weise, wie mit ihm sowohl im Krankenhaus als auch zu Hause umgegangen wird, bis hin zur Ernährung und zum Erziehungsverhalten der Eltern und seiner Umwelt. Es ist mir bewusst, dass genau dieser Zeitabschnitt auch sehr wichtig für die spätere Sozialisierung und das Lernverhalten ist, jedoch würde die Diskussion dieses Themas nicht in den Rahmen dieser Arbeit passen.

Die Verhaltensweisen, die sich aus den nicht integrierenden frühkindlichen Reflexen nach der Geburt ergeben, nehme ich jedoch mit auf.

14.2. Beschreibung der Phasen

14.2.1. Die Vorbereitung

Das Kind leitet die Geburt ein. Es signalisiert durch Senkwehen, die die Mutter hoffentlich spürt, dass es sich auf die Geburt vorbereitet. Es bewegt sich bei richtiger Lage mit dem Kopf in Richtung Geburtskanal. Dabei führt es im Uterus bestimmte Bewegungen aus, wie die Beugung des Kopfes und die Bewegung des Körpers von einer Seite zur anderen, um so die hintere Fontanelle mit dem Muttermund in Übereinstimmung zu bringen. In dieser Phase sind der Spinale Perez, der Spinale Galant, der Symmetrische Tonische Nackenreflex in der Beugung, der Babinski-Reflex, der Gekreuzte Streckreflex und der Asymmetrische Tonische Nackenreflex aktiv.

14.2.2. Der Prozess

Die Uterusmuskeln kontrahieren unregelmäßig und mit wechselnder Intensität. Diese Kontraktionen bewirken das Platzen der Fruchtblase und erhöhen den Druck auf den Kopf des Kindes im Geburtskanal. Der Körper richtet sich auf und streckt sich. Die einzelnen Reflexbewegungen müssen koordiniert werden und die Zusammenarbeit zwischen Mutter und Kind muss stimmen.

Jedes Reflexmuster hat seine bestimmte Funktion. Der Spinale Galant sorgt für die Beweglichkeit des ganzen Körpers, der ATNR bewirkt notwendige Ruhepausen zwischen den Wehen; der Spinale Perez, der Babinski-Reflex und der Gekreuzte Streckreflex sorgen für die notwendige Vorwärtsbewegung und der TLR registriert Geräusche. Während dieser Phase werden erste Lernerfahrungen in der Zusammenarbeit mit der Mutter und mit den daran angepassten Bewegungen gemacht. Erfolgreiche Lernerfahrungen können dann später zu positiver Lernmotivation führen.

In dieser Phase können aber auch Fehler und Missverständnisse in der Zusammenarbeit auftreten, besonders wenn die natürlichen Abläufe z. B. durch Medikamente, Wehenmittel oder Periduralanästhesie unterbrochen wurden. Auch Ängste der Mutter und des Vaters werden vom Fötus registriert.

14.2.3. Die Integration

Während dieser Phase ist der Muttermund um ca. 10 cm erweitert, Kontraktionen treten in kürzeren Abständen auf und nehmen an Stärke zu. Der Fötus tritt mit dem ganzen Körper in den Geburtskanal ein, streckt und dreht sich, das Schambein der

Mutter unterstützt das Baby beim Austritt aus dem Kanal. Alle Reflexe werden jetzt gemeinsam eingesetzt. Ihre Bewegungsmuster werden im „Langzeitgedächtnis" gespeichert.

Die beteiligten Reflexe sind der Spinale Perez, der Babinski- Reflex, der Bauer-Kriechreflex, der Gekreuzte Streckreflex, der Symmetrische Tonische Nackenreflex in der Streckung und der Asymmetrische Tonische Nackenreflex.

14.2.4. Die Abschlussphase

In dieser Phase wird das Kind geboren. Wenn bei einer normalen Geburt zuerst der Kopf aus dem Geburtskanal kommt, dreht sich der restliche Körper mit Schultern und Hüften heraus. Es kommt zu einer starken Überstreckung des Körpers, durch die Drehung des Kopfes, den die Hebamme vornimmt, wird der ATNR vollständig ausgelöst.

Die neue Lernphase in der Luftwelt eröffnet den Beginn der neuen Lebensphase. Die beteiligten Reflexe sind der Spinale Galant, der Spinale Perez, der STNR in der Streckung, der Babinski-Reflex, der gekreuzte Streckreflex und der ATNR.

14.2.5. Die Nachgeburtsphase

Ist das Kind auf der Welt, sollte über das Bonding die taktile Brücke zur Mutter hergestellt werden, die dem Kind das Gefühl von Sicherheit und Geborgenheit gibt. Die in dieser Phase besonders aktiven Reflexe sind der Moro-Reflex, das Bonding, der Bauer-Kriechreflex, der Such-, Saug- und Schluckreflex, der TLR und der ATNR.

Für ein erfülltes Leben ist es wesentlich, das Bonding sauber zu etablieren. Es ist kein Reflex, der intrauterin angelegt wird, sondern über das Handling der Mutter und aller daran beteiligten Geburtshelfer beeinflusst wird.

Bevor die Nabelschnur durchtrennt wird, sollten sechs Schritte das Bonding festigen:

1. Die taktile Stimulation vermittelt dem Kind kinesthetisch das Gefühl der körperlichen Mitte.

2. Auf dem Bauch der Mutter liegend erkennt es ihre Gesichtsstruktur, das Sehen ist damit aktiviert.

3. Mit der Stimme der Mutter, die ihr Kind begrüßt, wird das Hören aktiviert.

4. Dann fängt das Kind mit Hilfe des Bauer-Kriech-Reflexes an zu krabbeln.

5. An der Brust fängt es an zu saugen, was den Hirnstamm beruhigt, Sicherheit vermittelt und die tiefen Muskeln im Mund anregt.

6. Dadurch wird der Ernährungsreflex auf gesunde Weise angeregt, was zur Folge hat, dass man sich gut genährt fühlt und später weiß, was man will.

14.3. Die Übertragung der vier Geburtsphasen auf den Lerncode

Wie im oberen Abschnitt bereits erwähnt, prägen die Geburtserlebnisse das spätere Leben und haben somit auch Einfluss auf die Lernmotivation und das gesamte Lernverhalten. Die Geburtsreflexe sorgen für eine senso-motorische Integration und motorische Koordination. Dies sind Grundvoraussetzungen für erfolgreiches Lernen. So wie es bei der Geburt eine Vorbereitung, einen Prozess, eine Integration und eine Abschlussphase gibt, so findet man dieses Muster bei jeder Tätigkeit, die im weiteren Leben ausgeführt wird.

14.3.1. Die Vorbereitung

Das Kind macht sich bereit für den Geburtsprozess. Es hat innerlich ein Ziel vor Augen mit einem Ergebnis. Die Natur hat dafür gesorgt, dass das Potential zur Verfügung steht, damit der Geburtsverlauf in seinen einzelnen Stufen harmonisch ablaufen kann. Der Fötus folgt seinem eigenen inneren Tempo und entscheidet über den Beginn jeder Aktivität selbst. Die Ausrichtung des Körpers mit der Drehung des Kopfes nach unten in den Geburtskanal hat Auswirkungen auf die Gehirnentwicklung und die Muskelspannung. Falls in dieser Phase Unregelmäßigkeiten auftreten, kann sich dies emotional auf das Selbstwertgefühl auswirken. Ängste, Selbstzweifel und Frustrationsgefühle können sich je nach Persönlichkeit des Kindes entwickeln.

Später kann man bei einer Handlung überprüfen, ob folgende Punkte in der Vorbereitungsphase genügend beachtet werden:

• Die Bereitschaft, eine Handlung zu beginnen
• Genügend Wissen für die einzelnen Entwicklungsstufen zu haben
• Das Ziel vor Augen zu haben
• Abstimmung der eigenen Möglichkeiten mit der Umwelt
• Den Zeitpunkt des Handlungsbeginns selbst zu bestimmen

14.3.2. Der Prozess

In dieser Phase werden durch die Reflexbewegungen Handlungen vollzogen. Die einzelnen Reflexmuster vermitteln immer wieder neue Impulse. Das Kind lernt durch Versuch und Irrtum, korrigiert seine Reflexbewegungen, tastet sich vor und zieht sich wieder zurück, erforscht den Weg und lernt bei jedem Schritt etwas Neues. Aus diesen anfänglichen Lernerfahrungen entwickelt sich eine positive Motivation.

Während dieser Phase ist der Körper des Kindes massiven Spannungen ausgesetzt. Aber der Fötus sorgt dafür, dass er auf der anstrengenden Reise auch Pausen einlegt. Die Fülle der Sinneseindrücke, die er erlebt, können wir nur vage erahnen, jedoch hat die Reizung all unserer Sinne einen aufweckenden und anregenden Charakter. Im Seelischen wird die Offenheit, sich auf neue Wege einzulassen, Versuche zu starten, Ursache und Wirkung zu erleben und entsprechende Veränderungen vorzunehmen, schon in den Bewegungsabläufen angelegt. Die Bereitschaft, Entdeckungen und neue Erlebnisse zu verarbeiten, wird in der Extremsituation erprobt.

Falls in dieser Phase der Prozess und die natürliche Zusammenarbeit von Mutter und Kind durch wehenhemmende oder -fördernde Medikamente oder durch eine Periduralanästhesie unterbrochen werden, können sich Selbstzweifel und Selbstaggression bis hin zur Aufgabe („Ich schaff das nicht!") entwickeln. Frühgeburten, Sturzgeburten und geplante Kaiserschnitte können die gleichen Auswirkungen haben. Wesentlich ist auch die emotionale Verfassung der Mutter, ob sie ihr Kind zur Welt bringen will oder nicht, und insbesondere die liebevolle oder auch nicht so liebevolle Begleitung des Vater ist entscheidend.

Später kann man dann bei einer Handlung überprüfen, ob folgende Punkte bei der Prozessphase zu beobachten sind:
• Man kommt in die Handlung und bleibt nicht nur bei Absichtserklärungen.
• Versuch und Irrtum entmutigen nicht.
• Erforschung von Neuem treibt voran.
• Neue Erkenntnisse werden bewusst gemacht.
• Eine positive Motivationshaltung verfestigt sich.

14.3.3. Die Integration

In dieser Phase greift der Fötus auf sein Handlungsgedächtnis zurück, wobei er aus seinen Erfahrungen lernt und diese im „Langzeitgedächtnis" abspeichert. Die Fähigkeit, aus eigenen Erfahrungen zu lernen, alte Erfahrungen zu überprüfen und wenn nötig aus eigener Kraft zu verändern oder anders einzuschätzen, wird an dieser Stelle veranlagt. Zurückzugreifen auf alte gespeicherte Erfahrungen und neue Wege damit einzuschlagen, ermöglicht dem Menschen einen flexiblen und kreativen Umgang mit äußeren Herausforderungen. Bei Unterbrechungen des natürlichen Geburtsprozesses können sich auch in dieser Phase Gefühle der Hoffnungslosigkeit und ein nicht angemessener Umgang mit Konflikten herausbilden.

Später kann man dann bei einer Handlung überprüfen, ob folgende Punkte bei der Integrationsphase zu beobachten sind:
- Man kann die Handlung in ihrem Ablauf überwachen.
- Nötige Korrekturen werden vorgenommen.
- Das Gedächtnis liefert die richtigen Informationen.
- Die Realisierung des Projektes kommt voran.
- Eine positive Lernerfahrung wird gemacht.

14.3.4. Die Abschlussphase

Insbesondere diese Phase beinhaltet existentielle Veränderungen im Leben des Kindes und bringt eine komplette Umwälzung der Lebensumstände mit sich. Schon alleine der Wechsel von einer wässrigen zu einer luftigen Umgebung macht körperlich die erfolgreiche Umstellung des Stoffwechsels notwendig. Gefühle äußerster Erregung und Angst werden bewältigt und geben im Idealfall Glücksgefühlen und Erleichterung Raum. Bei weniger glücklichen Geburtsverläufen können sich beim Kind Gefühle der Angst vor Veränderung, Verwirrung und Erschöpfung verfestigen, die das weitere Leben überschatten.

Die erfolgreiche Bewältigung dieser Phase lehrt uns für das spätere Leben den Umgang mit der Realisierung von Zielen, mit der Analyse von Soll- und Ist-Zuständen. Die Bereitschaft, sich auf neue, völlig veränderte Lebensanforderungen einzulassen, wird hier gebildet.

Später kann man dann bei einer Handlung überprüfen, ob folgende Punkte in der Abschlussphase zu beobachten sind:
- Realisierung der Ziele
- Soll-Ist-Analyse
- Ist die Handlung wirklich beendet?
- Bereitschaft für einen neuen Lernzyklus

14.4. Der mögliche Einfluss der Geburtsreflexe auf die Basalganglien[1]

Im ersten Teil wurden die Zusammenhänge der vier Geburtsstufen und deren Reflextätigkeit mit dem im späteren Leben beobachtbaren Lerncode beschrieben. Reflexe sind die unbewusste motorische Antwort auf sensorische Stimuli, die über die Sinne erfahren werden, im Hirnstamm und über neuronale Schleifen zum Cerebellum ihren Ausgang haben und von dort aus zu entsprechenden Verarbeitungsprozessen in den

1 Vgl. dazu Roth, Gerhard, Fühlen, Denken, Handeln. Wie das Gehirn unserer Verhalten steuert. 5. Auflage, Frankfurt a. M. 2010.

höher gelegenen Gehirnarealen führen. Ist nun einer der Geburtsreflexe nicht vollständig integriert, so werden die Ausführungen aller nachfolgenden Aktionen, seien es motorische, emotionale oder intellektuelle, in den höher gelegenen Gehirnarealen in dem Maße begrenzt, wie die Geburtsreflexe noch motorische Restreaktionen aufzeigen.

Der Mensch denkt, dass er seine Bewegungen willentlich ausführt, jedoch ist mittlerweile bekannt, dass sie von zwei Strukturen im Gehirn entscheidend mit beeinflusst werden, und zwar von den Basalganglien und dem Kleinhirn. Das Kleinhirn oder Cerebellum greift emotional und mental modulierend in alle Handlungs- und Bewegungsabläufe ein, die von den Basalalganglien im Zusammenwirken mit der Großhirnrinde gesteuert werden. Die präfrontalen, posterior-parietalen, prä-supplementärmotorischen, prämotorischen und motorischen Cortexareale sowie das frontale Augenfeld, die die motorischen Bewegungen initiieren, haben intensive Verbindungen zu den Basalganglien, wobei der Eingang über das Striatum erfolgt. Die Weiterverarbeitung innerhalb der Basalganglien passiert über ein kompliziertes Verschaltungssystem von erregenden und hemmenden Einflüssen. Das Ergebnis nimmt den Ausgang über den Thalamus zum Cortex und wird dann in den beobachtbaren Handlungen sichtbar.

Die Basalganglien stellen eine Struktur aus unterschiedlichen Hirnzentren dar, die sowohl das Mittelhirn, das Zwischenhirn als auch das Limbische System berühren, nämlich das Striatum, das Pallidum, die Substantia nigra und den Nucleus subthalamicus. Das Striatum heißt „Gestreifter Körper" und besteht aus dem Putamen und dem Nucleus caudatus. Das Pallidum oder Globus pallidus heißt „Bleiche Kugel" und besteht aus einem inneren Globus pallidus und einem äußeren Globus pallidus. Die Substantia nigra besteht aus einem dicht gepackten Teil (pars compacta) und einem lose gepackten Teil (pars reticulata). Der Nucleus subthalamicus wird nur funktionell den Basalganglien zugeordnet, nicht anatomisch.

In der Embryonalentwicklung werden die Basalganglien schon lange vor der Geburt angelegt und stellen ein Handlungsgedächtnis dar, in dem alle Bewegungsmuster im Laufe der Entwicklung niedergelegt werden und auf das der Embryo und später das Baby und der Erwachsene zurückgreifen können. Lange Zeit wussten die Hirnforscher nicht, für welche Aufgaben die Basalganglien zuständig sind. Man ging davon aus, dass hier die Reflexe, Instinkthandlungen und andere Automatismen beheimatet sind. Mittlerweile weiß man, dass sie für die Stabilität der Haltung und für die Feinabstimmung von Bewegungen zuständig und generell an allen Handlungen und Bewegungen beteiligt sind, wobei sie mit von der Amygdala beeinflusst werden, da die Mandelkerne am Ende des Nucleus caudatus sitzen.

Der Nucleus caudatus und das Putamen waren in der frühen Embryonalentwicklung miteinander verbunden, wurden aber während des Wachstums von der Capsula interna, der längsten Projektionsbahn des ZNS, zum Teil durchtrennt. Ventral sind sie weiterhin verbunden und stellen den Nucleus accumbens dar. Der Nucleus accumbens wird dopaminerg erregt und bekommt intensive afferente Faserverbindungen vom Limbischen System, daher geht es hier nicht nur um die Bewegungsmotivation, sondern auch um die emotionale Steuerung von Bewegungen, das Abschätzen der Folgen einer Handlung, um Verhaltensbewertung und Fehlerkorrektur. Das dopaminerge System ist für das Belohnungsgefühl bzw. für die zu erwartende Belohnung aus einer Handlung zuständig. Man fühlt sich gut, ist zufrieden mit dem, was man geschafft hat und will dann mehr davon, denn das Gefühl des Wohlseins will vom Gehirn wieder erfahren werden. Störungen im dopaminergen System, dessen Hauptproduktionsort in der Substantia nigra pars compacta liegt, führen zu Parkinsonerkrankungen.

Die Basalganglien sind von daher nicht nur wichtig für die Feinabstimmung von Bewegungen, sondern sind insbesondere mit dem Nucleus accumbens als Relaisstelle für die Umsetzung von Emotionen in Motivation und Lokomotion zuständig. Bestehen noch motorische Restreaktionen aufgrund nicht integrierter Geburtsreflexe, so werden die Ausführungen willentlich initiierter Bewegungen in dem Maße behindert, wie die Reflexbewegungen diese stören.

Der Hirnstamm ist in seiner Impulsgebung bei der motorischen Reflexbewegung weitaus mächtiger als die Basalganglien, die ja „nur" die Feinabstimmung der Bewegungen mit einer emotionalen Bewertung liefern. Unser Gehirn ist ein komplex verschaltetes Netzwerk mit über 100 Milliarden Nervenzellen und einer nicht vorstellbaren Anzahl von dadurch möglichen Verbindungen.

Meine Arbeitshypothese lautet, dass die unzureichende Integration von Geburts- und frühkindlichen Reflexen zu einer Beeinflussung bzw. Prägung der Arbeitsweise der Basalganglien führt, die dann wiederum weit reichende Auswirkungen auf das Verhalten und das emotionale Erleben des Kindes und später des erwachsenen Menschen hat.

Abgrenzung, sozial	Abstützreflex
Abschreiben von der Tafel	STNR, Moro, Kopfstellreflexe
Abwehrreaktionen	Moro
ADS, ADHS	ATNR, Moro, Klimmzugreflex, Spinaler Perez
Aggressivität	Bonding
Allergien, Asthma	Moro
Anerkennung, suchen nach	Bonding
Ängste, Phobien	FLR, Moro
Anspannung in den Armen	Klimmzugreflex
Arbeitstempo	Bauer Kriech, Thomas Schreitreflex
Artikulation und Sprache	Such-, Saug, Schluckreflexe
Artikulation	Greifreflex
Auditive Wahrnehmung	ATNR
Aufmerksamkeitsdefizit	TLR
Aufrechte Körperhaltung	Gekreuzter Streckreflex
Augen-Hand-Koordination	STNR
Berührungsempfindlichkeit	Spinaler Galant, FLR
Bettnässen	Spinaler Galant, Spinaler Perez
Bewegungsbereitschaft	Schreitreflex
Bewegungskoordination	TLR
Beziehungen schwierig	Moro
Blasenkontrolle	Spinaler Galant
Daumenlutschen	Such-, Saug-, Schluckreflexe
Denken, kreatives eingeschränkt	Gekreuzter Streckreflex, Bauer Kriech
Dünnhäutigkeit	Moro
Differenzierte Bewegungen	Landau, Moro, STNR, ATNR

Eingerollte Zehen	Plantarreflex
Einzelne Körperteile unabhängig bewegen	Segmentaler Rollreflex
Ellbogenbeugung	Klimmzugreflex
Entscheidungsfähigkeit eingeschränkt	Moro
Erkenntnisprozesse eingeschränkt	Gekreuzter Streckreflex, Bauer Kriech
Ermüden	Moro
Erstarren bei Schrecksituationen	FLR
Falsche Schlüsse ziehen	Aufrichtungsreflex
Feinmotorik	Babkin
Figur-Grund-Wahrnehmung	TLR
Frustrationstoleranz niedrig	FLR, ATNR, Moro
Gangmuster	Babinski
Geballte Fäuste	Babkin
Gedächtnis, Merkfähigkeit	ATNR, Spinaler Perez, Pavlov Orientierung
Gleichgewicht	TLR, ATNR, Spinaler Galant, Abstützreflex, Babinski, Kopfstellreflexe
Grimassen	Babkin
Großer Zeh	Babinski
Haltungsschäden	TLR
Hand-Augen-Koordination	Greifreflex
Handschrift	Spinaler Galant
Homolaterale Bewegungsmuster	TLR, ATNR, Gekreuzter Streckreflex, Bauer Kriech
Homologe Bewegungsmuster	Gekreuzter Streckreflex, Bauer Kriech
Hörverarbeitung	TLR, Moro
Hyperaktivität	Spinaler Galant

Hypersensibilität (Geräusche,Licht)	FLR, Moro
Hypotone Muskulatur	Spinaler Perez
Immunschwäche	Moro
Integration von Denken und Bewegung	Schreitreflex
Intellektuelle Entwicklung	Pavlov Orientierung
Interesse für die Welt	Pavlov Orientierung
Kampf/Flucht Reaktionen	Moro, Abstützreflex
Kausale Zusammehänge erkennen	Spinaler Perez
Kitzligkeit	Spinaler Galant
Kontaktfähigkeit	Abstützreflex
Konzentrationsschwäche	Spinaler Galant, Moro, Fliege-Landereflex
Koordination	Spinaler Galant, Moro
Koordination der Beine	Gekreuzter Streckreflex
Koordination Fein-Grobmotorik	Babinski
Koordination Ganzkörperbewegung	Gekreuzter Streckreflex, Fliege-Landereflex
Koordination obere/untere Körperhälfte	Landau
Kopfhaltung charakteristisch	STNR, Moro
Kopfschmerz	Such-, Saug-, Schluckreflex
Körperhälfte, obere-untere	Moro
Körperhaltung, aufrechte	Gekreuzter Streckreflex
Körpermitte, vertikal	ATNR , Gekreuzter Streckreflex
Körpertemperatur, sinkend	FLR
Krabbeln übersprungen	STNR, Segmentaler Rollreflex
Kreuzlaterale Bewegungen	Segmentaler Rollreflex
Kurzzeitgedächtnis	TLR, Spinaler Galant
Lernstörungen	ATNR, Moro
Lesen	ATNR, Kopfstellreflexe

Manuelle Geschicklichkeit eingeschränkt	Such-, Saug-, Schluckreflex
Mundbereich	Such-, Saug-, Schluckreflex
Mundmitbewegungen	Babkin, Greifreflex
Muskeltonus, straff	TLR, Moro
Muskelverspannungen	TLR, Klimmzugreflex
Organisationsfähigkeit	TLR, Spinaler Perez
Orientierung im Raum	TLR, ATNR
Provozierendes Verhalten	Bonding
Pupillen, erweitert	Moro
Raum-Lage Wahrnehmung	TLR, Fliege-Landereflex, Kopfstellreflexe
Raumorientierung	TLR, Kopfstellreflexe
Rechnen	Schreitreflex
Reisekrankheit	TLR
Rückzug	Abstützreflex
Rückwärtsgehen, Seitwärts	Schreitreflex
Schlaffer Muskeltonus	FLR, TLR, Aufrichtungsreflex
Schreibhaltung, charakteristisch	STNR, Klimmzugreflex
Schwatzhaftigkeit	Spinaler Galant
Schwimmen	STNR
Sehfähigkeit	FLR, Moro, ATNR, STNR
Sehfeld, Erweiterung	Schreitreflex
Seitigkeit, Entwicklung verlangsamt	Greifreflex
Selbstkontrolle fehlt	TLR
Selbstvertrauen, mangelndes	Bonding
Selbstwertgefühl	Pavlov Orientierung
Sich Rollen	Segmentaler Rollreflex
Skoliose	Spinaler Galant, ATNR
Speichelfluss	Such-, Saug-, Schluckreflex
Sprachentwicklung verzögert	Babinski
Spracherwerb verzögert	Schreitreflex

Schlussbemerkung 16

Angesichts der vielfältigen Probleme, die in Kindergärten, Kindertagesstätten, Schulen und Jugendeinrichtungen zu beobachten sind, ist es meiner Meinung nach gesellschaftlich wesentlich, sich darüber Gedanken zu machen, ob diese Schwierigkeiten wohl auch mit nicht integrierten Reflexen zusammenhängen. Ich bin inzwischen davon überzeugt, dass die motorische Restreflexbelastung in hohem Maße zu den Missverständnissen und Problemen führt, die uns Menschen das Leben schwer machen. Wenn Peter Levine uns Menschen als „Tiermenschen" bezeichnet, so deshalb, weil wir sehr viel mehr von unserem Hirnstamm gesteuert und unsere Handlungen weit weniger rein willentlich ausgeführt werden, als wir immer noch glauben.

Geht man davon aus, dass Reflexe am Anfang unseres Lebens stehen, so ist ihr Einfluss nicht zu verkennen. Kinder werden erwachsen und sollen im Leben bestehen können. Wenn bei diesen jungen Erwachsenen jedoch noch Restreaktionen frühkindlicher Reflexe auftreten, so ist die Energie, die sie aufwenden müssen, um den Anforderungen des Alltags gerecht zu werden, weitaus höher als bei Menschen, deren frühkindliche Reflexe vollständig integriert sind. Nicht nur die Produktivität ihrer Arbeit leidet darunter, sondern ihr Leben ist auch weitaus anstrengender als das der Menschen, die kaum oder keine Restreaktionen aufweisen. Ihre Belastbarkeit ist begrenzter, sie erschöpfen schneller, brauchen vermehrt Ruhephasen, können sich aber dann nicht genügend regenerieren, weil automatisch die Bewegungen der inneliegenden Reflexmuster wieder aktiv werden. Es ist ein Teufelskreis, der nur sehr schwer zu durchbrechen ist. Das Potential in diesen Kindern wird nicht erkannt, weil es durch unangemessene Reflextätigkeit zugedeckt wird. Unser Bildungssystem ist auch nicht darauf ausgerichtet, Potentiale zu erkennen und über Begeisterung für eine Sache die emotionale Bereitschaft zum Lernen auflodern zu lassen.

„Educare" bedeutet nicht „erziehen", sondern „herausführen". Wir als Eltern, Erzieher und Pädagogen sind dazu aufgerufen, das Potential unserer Kinder und jungen Erwachsenen zum Vorschein zu bringen und nicht immer nur zu schauen, welche Ressourcen vorhanden sind. Es kommt sonst ganz schnell zu einem Abstempeln und

Schubladendenken. Diese Haltung führt zu einem begrenzenden Handeln und lässt der Kreativität wenig Spielraum, vielmehr wird sie abgewürgt. Um das ganze Potential eines Menschen zum Scheinen zu bringen, ist es dringend erforderlich, ihm in der frühen Kindheit eine natürliche Reifung zu ermöglichen. Geht dies aus den genannten Gründen nicht immer, ist es wichtig, rechtzeitig die entsprechenden Maßnahmen zu ergreifen. Damit eine möglichst große Effizienz und Effektivität bei der Therapie erreicht wird, sollten auch Erwachsene in ihrer eigenen Schwangerschafts- und Geburtsbiographie nachforschen. Meiner Erfahrung nach bekommen sie dann oft Hinweise darauf, wieso es in ihrem Leben zu Begleiterscheinungen kommt, die sie in der Entfaltung ihrer Möglichkeiten begrenzen.

Frühkindliche Reflexe sind von Anbeginn da und sorgen dafür, dass wir uns den Herausforderungen des Lebens stellen. Werden hier die Grundlagen für eine gute Integration gelegt, so kann der Weg der Leichtigkeit des Seins begonnen werden.

Ich wünsche mir, dass Wissenschaftler und Praktiker noch vernetzter zusammenarbeiten, um so den größtmöglichen Nutzen, nicht nur für unsere Kinder, sondern auch für unsere Gesellschaft zu erzielen.

Literaturverzeichnis

Chamberlain, *David, Woran Babys sich erinnern. Über die Anfänge unseres Bewusstseins im Mutterleib.* 7. Auflage, München 2010

Delacato, Carl H., *The Diagnosis And Treatment Of Speech and Reading Problems.* Springfield, Illinois (USA) 1963

Frank-Scholler, Angela, *Das Gehirn von A-Z. Anatomie und Funktionen auf einen Blick. Ein Handbuch für die Praxis.* Elchingen 2009

Goddard Blythe, Sally, *Greifen und Begreifen. Wie Lernen und Verhalten mit frühkindlichen Reflexen zusammenhängen.* 8. Auflage, Kirchzarten 2009

Hess, Eckhard H., *Prägung. Die frühkindliche Entwicklung von Verhaltensmustern bei Tier und Mensch.* München 1975

Hüther, Gerald; Krens, Inge, *Das Geheimnis der ersten neun Monate. Unsere frühesten Prägungen.* 5. Auflage, Düsseldorf 2007

Krebs, Charles; Brown, Jenny, *Lernsprünge. Eine bahnbrechende Methode zur Integration des Gehirns.* 5. Auflage, Kirchzarten 2006

Masgutova, Svetlana, *Integration of Dynamic and Postural Reflexes into the Whole Body Movement System, a Neurokinesiological Approach.* Unveröffentliches Skript. Warsaw (Warschau) 2004; http://www.masgutovamethod.com

Niederberger, Daniela, *Schnitt ins Leben,* in: *Die Weltwoche,* Nr. 40 vom 02.10.2008

Panksepp, Jaak, *Affective Neuroscience – The Foundations of Human and Animal Emotion.* Oxford 1998

Peters, *Annegret, Bewegungsanalysen und Bewegungstherapie im Säuglings- und Kleinkindalter.* Stuttgart / New York 1982

Ratey, John, *Superfaktor Bewegung.* Kirchzarten 2009

Roth, Gerhard, *Fühlen, Denken, Handeln. Wie das Gehirn unser Verhalten steuert.* 5. Auflage, Frankfurt a. M. 2010

Tobar, Hugo; McFarlane, Kerrie, *Das Chakra-Hologramm* 1. Unveröffentlichtes Skript. Kirchzarten 1998

Tobar, Hugo, *Neuroemotionale Bahnen* 4. Skript. Applied Energetic Kinesiology Institute, Australia 2009

Tobar, Hugo, P*rimitive Reflexe und der Hirnstamm 1 und 2.* Skript. IAK Institut für Angewandte Kinesiologie, Kirchzarten, 2001, 2002

Trepel, Martin, *Neuroanatomie. Struktur und Funktion,* 4. Auflage, München 2008

Vojta, Vaclav, *Die zerebralen Bewegungsstörungen im Säuglingsalter. Frühdiagnose und Frühtherapie.* 8. Auflage, Stuttgart 2008

Bärbel Hölscher

- Jahrgang 1957

- Studium der Betriebswirtschaft,
  anschließend als Diplomkauffrau in
  einem mittelständischen Betrieb tätig

- Seit 1993 Ausbildung in Kinesiologie mit stän-
  digen Fortbildungen, u. a. bei Wayne Topping, USA;
  Dr. Charles Krebs, Hugo Tobar, Alfred Schatz,
  Freiburg; Ian Stubbings, Melbourne

- HPT - Heilpraktikererlaubnis zur
  Psychotherapie

- Kinesiologische Praxis mit Schwerpunkt auf
  Stressabbau und dem Lernprogramm LEAP
  nach Dr. Charles Krebs, Reflexintegration und
  neuroenergetische Kinesiologie nach Hugo Tobar

- Ernährungsberatung nach der TCM
  (Traditionelle Chinesische Medizin)
  Ausbildung bei Barbara Temelie, München

- Abschluss zur Professionellen Kinesiologin
  Fachschwerpunkt Gehirn der DGAK
  im November 2010

- Entwicklung des Kurses
  „Kraftvoll! Reflexe prägen das Leben"

- Leitung dieses Kurses in Deutschland,
  Österreich und der Schweiz

Bärbel Hölscher
Mobil: 0176 24002235

info@kinesiologie-muenster.de
www.kinesiologie-muenster.de

CPSIA information can be obtained
at www.ICGtesting.com
Printed in the USA
BVHW010849120320
574855BV00005B/171